人民陪审制度改革研究

周 成 著

东南大学出版社
SOUTHEAST UNIVERSITY PRESS
·南京·

图书在版编目(CIP)数据

人民陪审制度改革研究 / 周成著. —南京：东南大学出版社，2023.8
 ISBN 978-7-5766-0826-7

Ⅰ. ①人… Ⅱ. ①周… Ⅲ. ①陪审制度—研究—中国 Ⅳ. ①D926.2

中国国家版本馆 CIP 数据核字(2023)第 142287 号

人民陪审制度改革研究

Renmin Peishen Zhidu Gaige Yanjiu

| 著　　者：周成
| 出版发行：东南大学出版社
| 社　　址：南京四牌楼 2 号　邮编：210096　电话：025-83793330
| 网　　址：http://www.seupress.com
| 电子邮件：press@seupress.com
| 经　　销：全国各地新华书店
| 印　　刷：广东虎彩云印刷有限公司
| 开　　本：700mm×1000mm　1/16
| 印　　张：12.5
| 字　　数：245 千字
| 版　　次：2023 年 8 月第 1 版
| 印　　次：2023 年 8 月第 1 次印刷
| 书　　号：ISBN 978-7-5766-0826-7
| 定　　价：56.00 元

本社图书若有印装质量问题，请直接与营销部联系。电话：025-83791830

责任编辑：刘庆楚　封面设计：王玥　责任印制：周荣虎

前　言

党的十八届三中全会通过的《中共中央关于全面深化改革若干重大问题的决定》提出，要广泛实行人民陪审员制度，拓宽人民群众有序参与司法的渠道，由此掀开了新一轮人民陪审制改革的序幕。新一轮人民陪审制改革的目标直指广泛存在的"陪而不审"现象，但从目前的改革效果看，成效并不明显。人民陪审制在实际运行中"失灵"的主要原因在于制度目的不清、功能定位模糊，由此导致各方主体尤其是人民法院以其自身需要对陪审制进行功利化利用，进而产生制度异化。对此，根本的解决之道还是应回归到实行人民陪审制的初心，激活其内在的运作机理，使其进入正常的运行轨道，由此才能充分发挥出其应有的作用和功能。

本书第一章梳理了新一轮人民陪审制改革情况，重点阐述了新一轮人民陪审制改革的背景、重点内容、改革归因及改革思路，同时分析了部分改革措施在现实实践中可能遇到的障碍。从新一轮陪审制改革启动的背景看，其既是对习近平法治思想强调"司法的人民性"的回应，也顺应了当今世界司法民主化的改革浪潮，而改革的目标则直指现实中广泛存在的"陪而不审"现象。但从改革的具体内容看，其设想的改革举措要么可能自身即存在施行上的障碍，如事实审与法律审分离机制改革；要么相关改革举措实质上已经偏离了陪审制的制度意旨，如加强对专家陪审员的使用等等。新一轮陪审制改革之所以难以达到预想的改革效果，其根本原因还在于没有准确把握导致当前陪审制问题的症结所在。

本书第二章以沟通理论为论证工具，结合世界各主要实行陪审制国家的制度实践，提出并论证陪审制的制度目的在于沟通司法与社会，以提升司法的公信力，换言之，陪审制是司法沟通理性的制度化表现。通过沟通理性的视角进行观察，陪审制的运作机理可以概括为"参与—论证"，即陪审员代表社会参与司法决策，法官以法律与法理与陪审员所代表的民意进行对话，对话的目的在于在法律法理与社会普遍正义观之间发现重叠共识，进而让裁判结论最大限度体现社会共识。根据哈贝马斯的沟通理论，沟通商谈有效进行的前提是需要近似于"理想言语情境"的商谈环境，而"理想言语环境"的打造尤为强调商谈沟通应排除一切强制，包括外在强制和内在强制。从各实行陪审制国家的实践情况看，亦印证了前述观点的洞见性。凡是陪审员或陪审团的独立性能够得到保障的国家，其陪审制度大多能发挥出应有的作用，反之则会制度"空转"，成为可有可无的"制度装饰"。

  本书第三章对当前我国人民陪审制失灵现象进行了深度剖析。当前我国人民陪审制运行中普遍存在的功能弱化甚至异化现象，其深层次原因在于制度目的不明、功能定位不清，换言之，立法者或改革者没有准确把握陪审制系司法沟通理性制度化表现的本质属性。人民陪审制在我国的起源可以追溯到新民主主义革命时期，其一诞生即带有鲜明的革命化特征。在新民主主义革命及新中国成立初期，人民陪审制更多承担的是保卫新政权、团结群众的政治职能。随着我国经济社会发展的转型，人民陪审制开始朝着作为司法制度的本初定位回归。由于包括政策主导者认识上的原因等在内的多重因素的影响，我国有关陪审制的法律规范中并没有明确对陪审制目的定位及作用机理进行阐释，由此导致各方主体出于自身需要对陪审制进行功利化利用，如法院就把人民陪审制主要看作对自己人力资源的有效补充，由此导致"陪而不审"等陪审制失灵现象的广泛存在。

  本书第四章论证了当前我国司法对沟通理性的需求是推动人民陪审制改革的原动力。发端于20世纪90年代的以职业化、专业化为取向的司法改革之所以未能同步带来司法公信力的提升，正因为改革忽视了对沟通理性的关照。从彭宇案、许霆案、张学英案等一系列家喻户晓的司法公案中可以看出，缺乏沟通理性会给当代司法造成怎样的伤害。基于我国的特殊国情及当前的法治发展阶段，沟通理性还有助于对"司法行政化""关系型社会"给我国司法所带来的不良影响起到一定的制约作用，从而帮助司法重建权威和公信力。检视当前我国司法领域中现有的制度工具，加强庭审对话、调解制度、司法公开制度等都无法成为承载司法沟通理性建制化的制度平台，而当前蔚然成风的"舆论审判"则因民意受到大众传媒的扭曲，并且还会产生"群体极化"效应，亦非有效的民意与司法的"沟通"方式，甚至会给司法公信力造成进一步的潜在损害。通过排除法可知，唯有人民陪审制可以发挥充分沟通司法与社会的制度效能，其是当前最为有效的实现司法与社会沟通的制度载体。

本书第五章在肯定人民陪审制是当前最优的实现司法与社会沟通的制度载体的基础上，提出要通过进一步优化人民陪审制制度设计，去除阻碍其功能发挥的体制机制障碍，使其回归司法过程中的公共领域这一本来面目，以充分发挥其应有的功能和价值。具体改革思路包括：进一步加强人民陪审制的代表性，鼓励陪审员用朴素的正义观和日常社会经验参与司法，将改革之重点放在加强法官论证（对话）能力上，限定陪审制度的适用范围，等等。

希望本书能够给下一步人民陪审制改革提供一些借鉴和帮助。

目　　录

导论 ·· 001
　　（一）选题缘由 ··· 001
　　（二）文献综述 ··· 003
　　（三）选题价值 ··· 007
　　（四）研究进路 ··· 008

一、人民陪审制改革框架与困境 ··· 010
　　（一）新一轮人民陪审制改革的背景及框架 ·············· 011
　　（二）新一轮改革理路与困境 ································· 016

二、司法沟通理性制度化的陪审制度 ··································· 028
　　（一）作为司法公共领域的陪审制 ···························· 028
　　（二）陪审制目的之比较法考察 ······························· 042
　　（三）陪审制运作机理：参与—论证—共识 ············· 053

三、人民陪审制失灵原因之分析 ··· 069
　　（一）人民陪审制失灵的表象 ································· 069
　　（二）深层次原因：人民陪审制目的不明 ················ 073
　　（三）人民陪审制运行机制扭曲 ······························ 088

四、人民陪审制改革的原动力：司法对沟通理性的需要 ······ 094
　　（一）社会转型与司法沟通理性 ······························ 094
　　（二）从公案透视司法沟通理性问题 ························ 103
　　（三）沟通理性对司法"潜规则"的制约 ················· 109

（四）当前司法沟通机制的匮乏 …………………………………… 115
　　（五）"舆论审判"对司法审判的影响及潜在危害 ………………… 130
五、沟通理性视域下人民陪审制改革的方向与重点 ………………… 134
　　（一）强化人民陪审员的代表性与参与度 ………………………… 134
　　（二）鼓励陪审员用朴素的正义观和日常社会经验参与司法 ……… 139
　　（三）以强化法官论证为重点激活"参与—论证—共识"机制 …… 147
　　（四）人民陪审制适用范围之限定 ………………………………… 164

结语 …………………………………………………………………… 177

致谢 …………………………………………………………………… 180

主要参考文献 ………………………………………………………… 183

导　　论

（一）选题缘由

人民陪审制是本书的研究对象。党的十八届三中全会通过的《中共中央关于全面深化改革若干重大问题的决定》提出，要广泛实行人民陪审员制度，拓宽人民群众有序参与司法的渠道。这是继 2004 年《全国人民代表大会常务委员会关于完善人民陪审员制度的决定》出台以来，对人民陪审制展开新一轮改革的信号。针对党的十八大的相关决策部署，最高人民法院与司法部联合下发了《人民陪审员制度改革试点方案》（以下简称《试点方案》）以及《人民陪审员制度改革试点工作实施办法》（以下简称《实施办法》），授权北京、河北、黑龙江、江苏、福建、山东、河南、广西、重庆、陕西十个省（区、市）五十家试点法院，积极探索人民陪审员制度改革的有效路径。2018 年，《中华人民共和国人民陪审员法》（以下简称《人民陪审员法》）由十三届全国人民代表大会常务委员会第二次会议通过，前述《试点方案》中的很多举措上升为国家法律。新一轮改革的重点内容包括确立"二元陪审法庭"、扩大人民陪审制的适用范围、逐步建立完善人民陪审员随机遴选机制、探索问题列表制度、强化人民陪审员保障机制等等，其改革的目标直指当前普遍存在的"陪而不审"等人民陪审制弱化、异化现象。尽管改革进行得轰轰烈烈，但这些改革举措能否达到预期的改革效果，仍令人怀疑。以"事实审与法律审分离机制"为例，当前我国在成文法上并没有对事实问题和法律问题作具体区分，并且何谓事实问题、何谓法律问题本身就是司法实践中的一个难题。审判领域中的所谓事实，是在法律规范的指引下，通过证据和证明去认定的"法律事实",事实认定本身其实就包含着法律的适用。由此,这一充满技术性挑战的机制设计能否在现实实践中落地令人生疑。此外,这一机制的出台预设了陪审员并不具有称职的"法律审"能力,并且断言这是造成当前"陪而不审"现象的重要甚至是主要的原因,但这样的前提能否成立亦值得推敲。从许霆案等司法公案可以看出,相较于职业法官僵硬地套用法条,人民群众朴素的价值观和直观感受有时反而更贴近真理和正义。由此,不由人不产生这样的思考:究竟什么是造成当前普遍存在的"陪而不审"现象的主因?要消除这样的现象,应对我们的改革举措做怎样的调整或补充?

要评价一个制度是否正常运行,首先需要我们去探究它的制度目的。如果这个制度是按其设置之初的目的意旨去运行,那么我们可以说这个制度就是在正常地运行。按照这个思路,"陪而不审"现象背后的实质是人民陪审制没有按照设计者为其预设的制度目的和功能定位去运行。那么什么又是陪审制度的预设目的和功能定位呢?通过对陪审制度的历史和比较法考察,我们可以看出,陪审制的制度本意是为了强化司法与社会的沟通,以提升司法的公信力。陪审制的功能定位及其连接司法与社会的制度架构,很容易让人联想到当代大哲哈贝马斯对于"公共领域"的介说。公共领域的相关理论是哈贝马斯宏大的沟通理论学说中不可或缺的重要一环。哈贝马斯借由公共领域的概念,提出当代社会的合法性必须建立在主体间自由沟通的基础上,通过公民在公共领域内自由、平等、公开的话语论辩,形成不受政治权力和经济力量制约和支配,真正代表公众意见、反映公众心声的公共舆论体系,并充分发挥这种公共舆论体系对国家公权力的干预作用,以使国家公权力的运行不脱离社会共识性认知的正轨[①]。可以说,哈贝马斯的沟通理论学说特别是其中的公共领域理论,为解释陪审制之建构原理及其内在运作机理提供了近乎完美的理论解释工具。以之为对标,可以清晰地看出理想的陪审制度应

---

① 余佳莹:《当代中国语境下哈贝马斯"公共领域"理论的再阐释》,载《新闻传播》2019 年第 14 期。

如何设计及运行，以及我国的人民陪审制度离这样的一个应然状态还有怎样的差距，这事实上也是对我国的人民陪审制为什么长期处于"陪而不审"状态的回答。此外，本书也希望通过新的理论解释工具——沟通理论的引入为人民陪审制搭建一个整体化、系统化的理论架构，改变过往研究过于琐碎、过于实证化的弊端。

（二）文献综述

20世纪90年代以来，国内学者对陪审制进行了广泛的研究，关于陪审制度的论说不断涌现，在这里很难——列举。在本书的写作中，笔者尤其关注了有关"陪而不审"现象分析、事实审与法律审分离机制评述以及探讨陪审制之目的及功能定位等问题的论著，这些论著对本书的写作助益良多，现将有关研究的观点和思路作以下分述。

学者们普遍认同当前的人民陪审制在实际运行中存在显著的"陪而不审"现象，这严重影响了陪审制应有的功能与作用的发挥。有学者将"陪而不审"现象的表现归纳为：庭前极少阅卷；庭审难得发问；合议难有作为。但李玉华、张嘉军等认为在法庭开庭时是否发言不是判断陪审员"审"与"不审"的依据，区分"审"与"不审"的关键在于陪审员能否独立、充分地发表合议意见[①]。对造成"陪而不审"现象原因的分析，除有少数观点将之归咎为陪审员的法律素质不高（实务界的人士特别是法院的法官持此观点的人数较多），大多数学者指出，人民陪审员法律素质不高不是人民陪审制运行效果不佳的主要原因，反而如果过于注重对陪审员法律素质的强调，会从根本上违背陪审制的司法民主特征[②]。形成"陪而不审"现象的原因被认为是多方面的，是由多种因素合力促成的。羊震认为，其原因包括合议庭组成方式的内在缺陷、陪审员从业信心的不足及法官对陪审的"鸡肋"情结等[③]。

[①] 李玉华：《"陪而不审"之我见——法学教授陪审员的视角》，载《法律适用》2010年第7期；张嘉军：《人民陪审制度：实证分析与制度重构》，载《法学家》2015年第6期。
[②] 苗炎：《司法民主：完善人民陪审员制度的价值依归》，载《法商研究》2015年第1期。
[③] 羊震：《人民陪审员制度的运行障碍及其多维性消解——以"陪而不审"为主要研究对象》，载《江苏社会科学》2017年第1期。

刘方勇、廖永安则认为，"陪而不审"现象的根源在于法官与陪审员"同职同权"的职权配置模式以及配套制度对陪审员的约束，如我国合议庭功能天然虚化、职权主义诉讼模式下裁判者对庭审享有主导权与陪审员中立听审的职能定位相冲突等①。学者姚慧亦认同这样的观点，她指出，"陪而不审"现象存在之原因，从表面上看，是法院、法官甚至陪审员不重视陪审制度，但这些表象之根源还在于审判管理制度下的司法行政化对人民陪审制的负面影响②。还有观点另辟蹊径，运用社会学中的角色理论对"陪而不审"现象进行分析，认为其源于人民陪审员角色冲突，具体又包括陪审员角色内的冲突以及陪审员与法官角色间的冲突。针对消除"陪而不审"现象的改革举措，苗炎、羊震和诸多学者都提出要回归陪审制度之本源，从重新认识陪审制度的运作机理和赋权基础入手，通过完善法官指示制度、明确陪审案件中法官的责任和考核标准、合理规制陪审法庭的评议细则、加强对陪审员的激励措施等具体制度的调整，激活人民陪审制的制度活力。还有观点提出要建立人民陪审制双轨运行机制，即：一方面建立健全"大众化"的平民陪审机制，平民陪审员只参与案件的"事实审理"，其判断案件事实的依据主要建立在社会常情常识常理和个人良知的价值本源上；另一方面，构建专业化的专家陪审机制，继续赋予专家陪审员与职业法官"同职同权"的审判职权。同时，为了让专家陪审员能够实质性行使职权，要进一步抬高专家陪审员的选任"门槛"，甚至可以完全比照选拔法官的标准，充分吸纳体制外的优秀专业人士参与审判③。

2018年颁行的《人民陪审员法》吸收了前期人民陪审制改革试点工作中"事实审与法律审分离"的做法，构建了独具我国特色的二元结构陪审法庭，作为"此次人民陪审制改革中的最大亮点"，对该机制的研究成为当前我国

---

① 刘方勇、廖永安：《我国人民陪审员制度运行实证研究——以中部某县级市为分析样本》，载《法学家》2016年第4期。
② 姚慧：《论人民陪审制的完善——以司法去行政化为目的》，载《西南石油大学学报（社会科学版）》2015年第2期。
③ 刘方勇、廖永安：《我国人民陪审员制度运行实证研究——以中部某县级市为分析样本》，载《法学家》2016年第4期。

人民陪审制研究领域中的一个热门课题。从学者们的研究情况看，对该制度"创新"的评价可谓毁誉参半。持赞成观点一方认为，该制度创新是对学界和实务界长期呼吁的肯定式回应。"陪而不审"被公认为我国现行人民陪审制运行中的突出问题，其产生的一个重要原因就是普通的民众陪审员通常不具备专业的法律知识和技能，从而无法很好地驾驭案件的"法律审"环节，陪审员"能做好"的仅限于对案件事实的认定。对此，务实的解决办法就是将案件"法律审"排除在陪审员职权范围之外，而只保留陪审员"事实审"的职权①。并且，事实审与法律审分离也符合司法专业化的要求②。反对观点③则认为：首先，陪审制之目的即在于通过代表社会的陪审员参与审判，将社会常情常识常理带入审判领域，防止法官认知偏差或偏见可能带来的裁判不公，法官的这种认知偏差或偏见不仅会在案件"事实审"阶段存在，在案件"法律审"阶段同样会出现。其次，我国的事实审与法律审分离改革，看似是借鉴了英美法系陪审团模式的先进经验，实则二者大相径庭。陪审团模式下，法官与陪审团是两个相互独立的审判组织，两者各自负责审判程序的一部分，在职权配置上相互制衡；而在我国的改革措施中，陪审员只享有案件"事实审"的部分权力，职业法官则享有审判过程中的全部权力，两者权力的不对等使得职业法官较之改革前更容易主导整个审判过程。最后，事实审与法律审在现实中亦难以做到清晰区分。本书认为，对事实审与法律审分离机制的评价实际上是对什么是造成"陪而不审"现象之主因这一问题的延续。如果认为"陪而不审"现象之产生主要是由于陪审员缺乏法律专业知识及技能，那么实行事实审与法律审分离机制改革当然是一个切合实际的解决问题的有效方式；反之，如果认为上述因素并不是人民陪审制运行效果不佳的主要原因，陪审制的运行机理恰恰是要求陪审员运用朴素的正义观和常情常识常理参与审判，那么实行事实审与法律审分离机制反而是有违陪审制

---

① 贾志强：《人民陪审员参审职权改革的中国模式及反思》，载《当代法学》2018年第2期。
② 杨馨馨：《陪审员参审职权调整的实践困惑与路径突破——从"同职同权"到"分工合作"》，载《法学论坛》2016年第6期。
③ 左卫民：《七人陪审合议制的反思与建言》，载《法学杂志》2019年第4期。

运行目的的制度异化。但无论是支持的一方还是反对的一方，均认可事实审与法律审分离机制存在实际操作上的困难，如果操作不当，如法官利用何为事实问题何为法律问题的判断权，将本应是陪审员参与判断的事实问题划归为法律问题，而让自己独享对该问题的裁判权；或反之，将本应由自己单独行使裁判权的法律问题划归为事实问题，让陪审员共同参与判断①，都会进一步加剧人民陪审制制度异化的倾向。

新一轮陪审制改革之所以效果不彰，"陪而不审"现象之所以在现实实践中普遍存在，根本原因均在于对人民陪审制的目的认识不明，功能定位不清。故有关陪审制目的、功能定位的学术论著是本书写作时研究、借鉴的重点。传统观点多认为陪审制的目的是多元的，其既具有政治功能，也具有司法功能。在政治功能方面，陪审制能够体现人民在司法领域的当家作主和直接民主，体现普通民众参与司法的平等性和有效性；在司法功能方面，陪审制可以弘扬司法民主，保障司法公正，促进司法公开，增强司法公信②。这种多元目的论实际上是对陪审制在理想情境下所能起到的作用的罗列，并没有真正抓住陪审制核心的功能定位和运行机理，由此也导致了现实中人们对陪审制的一些误读，如对专家陪审员的使用。专家陪审员因具有某些领域的专业知识，对一些复杂技术型案件事实的认定确有裨益，进而有助于实现司法实体上的公正，但由此是否可以认为专家陪审制就是符合陪审制制度意旨的一种典型形式呢？即便只是通过直观感受，我们也能感觉到专家陪审制和我们想象中的"陪审制"并非一回事。随着认识的深入，越来越多的学者开始将陪审制的功能聚焦在其民主特征上，特别是当一些改革的理念和措施事实上与陪审制度的原初定位产生抵触和扭曲时，如苗炎就曾提出这样的批评：在司法审判这一专业领域实行人民陪审制，其目的是充分实现司法民主，尽管相关法律规定和政策都一再强调要引导人民陪审员充分发挥其作为社会代表熟识社情民意的优势，但在制度运行过程中对陪审员如何发挥这一作用

---

① 陈学权：《人民陪审员制度改革中事实审与法律审分离的再思考》，载《法律适用》2018年第9期。

② 姚宝华：《论人民陪审员制度的功能定位》，载《法律适用》2017年第11期。

的有关规定却没有得到严格遵循①。更有学者基于代议式民主、衡平式民主及协商式民主三种民主理念之比较，论证出陪审制之功能定位应属一种协商式民主，从而进一步辨清了人民陪审制改革的目标方向②。吴英姿在其撰写的一系列文章中提出，陪审制的目的应该是"让裁判体现民意"，其改革的方向应是让人民陪审制成为司法过程中的公共领域③。这一结论深为笔者所赞同，也是本书构思的基础。借用哈贝马斯沟通理论这一理论工具，不仅可以更为清晰地描述出陪审制度的功能定位，而且这一理论工具强大的解释力还可以清晰地展示出陪审制度的运作机理，从而更有助于我们充分地认识、利用和改造人民陪审制，为实现我国司法向现代型司法的转型、提升司法权威和司法的公信力发挥更大的作用。

（三）选题价值

以沟通理论作为理论工具对人民陪审制进行研究具有非常重要的理论和实践价值。其一，其为解释"陪而不审"现象产生之原因提供了一个全新的视角。从对相关文献的梳理情况来看，越来越多的学者已经认识到"陪而不审"现象的产生并非由于陪审员缺乏足够的法律素养，而是由我国司法审判中的体制机制以及人民陪审制本身制度设计上的不合理等因素综合造成的。但由于缺乏一个理论主线，过往研究往往止步于对这些具体原因的罗列，或最多将诸多原因合并归纳为司法的行政化。事实上，将"陪而不审"现象归因为司法的行政化并不贴切，而采用沟通理论的视角，我们可以清晰地看出，人民陪审员之所以在评议中少发言甚至不发言，是因为当前的司法体制及现有的陪审制度设计中充斥着"理想的言语情境"所极力排斥的"强制"因素，即陪审员的选任程序受制于法院机关的"外在强制"以及陪审员自认

---

① 苗炎：《司法民主：完善人民陪审员制度的价值依归》，载《法商研究》2015 年第 1 期。
② 樊传明：《陪审制导向何种司法民主？——观念类型学分析与中国路径》，载《法制与社会发展》2019 年第 5 期。
③ 吴英姿：《人民陪审制改革向何处去？——司法目的论视域下中国陪审制功能定位与改革前瞻》，载《苏州大学学报（法学版）》2014 年第 3 期。

为不具备参与案件合议所"必需"的法律知识的"内在强制"。其二，沟通理论特别是其中的"公共领域"学说与陪审制具有天然的契合性，可以作为解释陪审制目的定位及运作机理的理论依据，进而可以有效指导人民陪审制的下一步改革。过往的改革之所以给人"头痛医头、脚痛医脚"之感，正因为我们始终没有明晰陪审制的制度目的及其功能定位，在缺乏理论反思的情况下，面对制度实践中出现的问题，习惯于"就事论事"，在原有制度框架上进行"小修小补"。这种缺乏整体性、系统性视野的"制度修补"并不能从根本上解决问题，反而会因各项改革举措之间不协调、不相容而加剧制度异化的现象。其三，尽管本书论证的结论是人民陪审制在当前司法制度中最具沟通理性特征，是最有助于实现司法与社会沟通的制度载体，但沟通理论在司法领域中的运用并非只限于陪审制度。事实上，面对当前价值观多元化的社会，司法作为实现社会整合的工具，商谈要素应当充斥于司法的整个过程。现代性的司法是一种交往行动，是法官与诉讼参与人经过充分商谈沟通达成共识的过程，而不再仅是法官以封闭的个人理性阐释和适用法律的过程，裁判结果的正当性和合法性是建立在各方当事人共同承认和允诺的基础之上①。这种新型的司法观强调沟通与合作，而不是压制与对抗；提倡在真诚、理性、平等的司法氛围内，开展自由的商谈与论辩，以司法商谈的程序奠定司法的合法性。这些都值得我们在今后的司法实践中认真思考、体会和践行。

（四）研究进路

为了充分论证本书观点的可行性，切实有效找出当前人民陪审制存在的问题及其改革路径，本书将法社会学研究方法作为主要研究方法，体现为以沟通理论作为主要分析工具，结合运用历史分析和比较研究等多种研究方法。

法治是现代国家维护统治正当性的基础，也是现代社会良性发展的基

---

① 闫斌：《哈贝马斯交往行动理论视域下的商议式司法》，载《法学论坛》2015年第2期。

础。这种法治的正当性一度被认为是建立在作为静态行为系统的法律之上的，也就是说，法律本身被看作自足自洽的封闭性系统，这种对法治及法律僵化的理解及实践，严重背离了"法治"的应有之意①。事实上，法律的存在绝不是主体之于客体的单向度认知，而是仰赖于主体与主体之间互动的行动性共识。哈贝马斯正是基于上述理解，提出了沟通理论。这一理论对各种交往行为均具有强大的解释力。理想中的陪审制，法官与代表社会的陪审员在有关具体案件的事实认定、法律适用方面通过真诚互动、沟通协商，从而达成理解与共识，恰是以商谈方式重构传统司法模式的现实模本。沟通理论不仅可以作为理论资源来论证陪审制的目的定位及运作机理，而且沟通理论对"理想的言语情境"的总结也为人民陪审制的下一步改革提供了理想的样板。本书还在多处使用了历史分析和比较研究等方法，如：对人民陪审制在我国的历史发展历程进行了详细的梳理；为论证陪审制之沟通司法与社会的目标定位，对英、美、法、德等国的陪审制度演变历史及其现行制度规定进行了整理、比较、分析和研究。

---

① 闫斌：《哈贝马斯交往行动理论视域下的商议式司法》，载《法学论坛》2015年第2期。

一、人民陪审制改革框架与困境

人民陪审制是我国一项重要的法律制度。人民陪审制在新中国成立后经历了短暂的辉煌，在改革开放后，随着对司法专业化、职业化取向的强调，这一制度在立法和实践中日趋衰微。为激活人民陪审制的制度活力，20世纪90年代以来，最高人民法院和其他有关部门积极采取各种措施，不断推动人民陪审制的改革和完善。1999年5月，最高人民法院向全国人大常委会提交了《关于提请审议〈关于完善人民陪审员制度的决定（草案）〉的议案》。同年10月，最高人民法院发布《人民法院五年改革纲要（1999—2003）》，明确提出："对担任人民陪审员的条件、产生程序、参加审判案件的范围、权利义务、经费保障等问题，在总结经验、充分论证的基础上，向全国人大常委会提出完善我国人民陪审员制度的建议，使人民陪审员制度真正得到落实和加强。"2000年9月，最高人民法院提请九届人大常委会审议《关于完善人民陪审员制度的决定（草案）》。根据审议情况，最高人民法院对与人民陪审员制度有关的重要问题，如人民陪审员的职责定位、人民陪审员的产生、人民陪审员参与审理案件的范围、人民陪审员的管理、人民陪审员制度经费保障等，进一步进行了调查研究，并将《关于完善人民陪审员制度的决定（草案）》作为新的立法议案，继续提交十届全国人大常委会进行审议。2004年8月，十届全国人大常委会第十一次会议正式通过了《全国人民代表大会常务委员会关于完善人民陪审员制度的决定》（以下简称《决定》），并于2005年5月1日施行，这对此后我国人民陪审制的发展发挥了重要作用。

（一）新一轮人民陪审制改革的背景及框架

党的十八届三中全会的召开，揭开了人民陪审制度新一轮改革的序幕。党的十八届三中全会通过的《中共中央关于全面深化改革若干重大问题的决定》提出，要广泛实行人民陪审员制度，拓宽人民群众有序参与司法的渠道。十八届四中全会通过的《中共中央关于全面推进依法治国若干重大问题的决定》（以下简称《十八届四中全会决定》）中重申了"保障人民群众参与司法""完善人民陪审员制度"的目标。2015年，中央深改组通过《试点方案》，并由全国人大常委会授权最高人民法院、司法部在全国部分地区开展人民陪审员制度改革试点工作。试点工作开展三年后，新中国成立后关于人民陪审制的第一部专门立法——《人民陪审员法》于2018年4月27日经十三届全国人大常委会第二次会议审议通过，并于同日公布施行，由此宣告了新一轮人民陪审制改革暂告终结。新一轮陪审制改革也是本书反思的重点。

1. 新一轮改革的背景

新一轮人民陪审制改革的启动背后有着深刻的国内外因素的影响。从国内因素看，党的十八大以来，以习近平同志为核心的党中央高度重视政法工作，把全面深化司法体制改革纳入经济体制、政治体制、社会体制等国家重大体制机制改革的总体部署中来，统筹协调、整体推进[1]。在这一建设法治中国、推进国家治理体系和治理能力现代化的伟大征程中，以习近平同志为核心的党中央以马克思主义观点立场为指导，结合我国法治建设的普遍规律与新时代的中国国情，创造性地发展了既有的法治理论，形成了内涵丰富、论述深刻、逻辑严密、系统完备的法治思想。习近平法治思想具有很强的政治性、思想性、理论性，"是马克思主义法治理论中国化的最新成果，是习近平新时代中国特色社会主义思想的重要组成部分"[2]，"为解决法治中国建设中的重大问题提供了行动指南和基本遵循"[3]。习近平法治思想中一个很重

---

[1] 徐汉明：《习近平司法改革理论的核心要义及时代价值》，载《法商研究》2019年第6期。
[2] 《坚持习近平法治思想——论学习贯彻习近平总书记在中央全面依法治国工作会议上重要讲话》，载《人民日报》2020年11月20日第1版。
[3] 江必新：《以习近平法治思想为指导着力解决法治中国建设中的重大问题》，载《行政法学研究》2020年第6期。

要的特性是强调"司法的人民性"。党的十八届四中全会即明确提出"坚持人民主体地位""人民是依法治国的主体和力量源泉";党的十八届五中全会首次确定了以人民为中心的发展思想;中央全面依法治国工作会议进一步强调,全面依法治国必须"坚持以人民为中心"。翻开习近平同志一系列有关法治的经典论述,体现人民利益、反映人民意愿、维护人民权益、增进人民福祉的价值追求更是清晰可见。由此可见,党的十八大以来,以"广泛实行人民陪审员制度,拓宽人民群众有序参与司法渠道"为目标的新一轮人民陪审制改革的启动,可以说是对习近平法治思想中有关"司法人民性"论述的贯彻和落实。

从外部因素看,让普通民众有序参与司法审判,已经成为世界各国司法制度改革的一个"必选动作"[①]。很多国家的改革者一定程度上将"陪审制"或"半陪审制"作为推进政治、经济甚至社会改革的手段。近年来,世界上的很多国家都通过使民众参与、融入本国的司法制度,来促进改革、提高公众参与决策的程度和提升国民主权。如20世纪末开始的日本的司法制度改革,其中一项重要的议题即是创设一种能够让民众参与司法的制度。2001年6月,日本司法制度改革审议会起草的司法制度改革方案中载明:在刑事诉讼程序中,应建立广大普通国民与法官共同分担责任、实际参与决定审判内容的新制度。同为东亚国家的韩国与日本的情况大体相当。韩国司法界存在显著的"自我服务""前官优待"等弊端,由此招致国民的普遍不满。为消除上述弊端,韩国采用的"药方"即是加快司法程序中的民主化建设,以民众参与审判监督和制衡职业法官在司法裁判中的专断,提升司法的透明性和公信力。为此,韩国于2003年在最高法院下设置司法改革委员会,于2004年又专门成立司法改革推进委员会,全力推进司法民主化工作进程[②]。身处欧陆的英国也于2003年启动了新一轮司法改革,改革的方向和目标同样

---

① 黄文艺:《中国司法改革基本思路解析》,载《法制与社会发展》2017年第2期。
② 丁相顺:《比较法视野下的人民陪审员制度改革》,载《浙江大学学报(人文社会科学版)》2018年第3期。

是创造出一种更能满足社会需要、赢得公民信任的司法制度①。由此可见，以人民陪审制改革为重点的新一轮司法改革的启动，既回应了当前我国司法对强化"司法人民性"的现实要求，也顺应了当代全球司法民主化的改革浪潮。

2. 新一轮改革的重点内容

综合《试点方案》《实施办法》及《人民陪审员法》的有关规定，可以看出，对比以2004年《决定》为主体的原人民陪审制规定，新一轮改革主要在以下几个方面进行了改革和创新。

(1) 确立"二元陪审法庭"

《人民陪审员法》最引人注目的创新之一当属确立了二元的陪审法庭：人民陪审员和法官组成合议庭审理案件，由法官担任审判长，可以组成三人合议庭，也可以由法官三人与人民陪审员四人组成七人合议庭（第十四条）。在三人合议庭模式下，人民陪审员享有与职业法官同等的职权，在案件的事实认定及法律适用方面，均可以独立发表意见，行使表决权（第二十一条）。而在七人合议庭模式下，人民陪审员的职权局限于"事实审"环节，其可以针对案件事实的认定发表独立意见，并与法官共同参与对案件事实认定的表决；但在案件的法律适用方面，人民陪审员只可以发表意见作为定案参考，而不能参加案件法律适用方面的表决（第二十二条）。"二元陪审法庭"机制的确立回应了《十八届四中全会决定》关于"逐步实行人民陪审员不再审理法律适用问题，只参与审理事实认定问题"的要求。

(2) 扩大陪审制的适用范围

相较于2004年的《决定》，《人民陪审员法》进一步扩大了人民陪审制的适用范围。《人民陪审员法》第十五条规定："人民法院审判第一审刑事、民事、行政案件，有下列情形之一的，由人民陪审员和法官组成合议庭进行：（一）涉及群体利益、公共利益的；（二）人民群众广泛关注或者其他社会影响较大的；（三）案情复杂或者有其他情形，需要由人民陪审员参加审判的。

---

① 黄文艺：《中国司法改革基本思路解析》，载《法制与社会发展》2017年第2期。

人民法院审判前款规定的案件，法律规定由法官独任审理或者由法官组成合议庭审理的，从其规定。"第十六条规定了适用七人合议庭审理案件的范围："人民法院审判下列第一审案件，由人民陪审员和法官组成七人合议庭进行：（一）可能判处十年以上有期徒刑、无期徒刑、死刑，社会影响重大的刑事案件；（二）根据民事诉讼法、行政诉讼法提起的公益诉讼案件；（三）涉及征地拆迁、生态环境保护、食品药品安全，社会影响重大的案件；（四）其他社会影响重大的案件。"将适用陪审制审理的案件聚焦于重大复杂案件有其合理性。一方面，由人民陪审员代表社会参与这些案件的审理，可以有效增强案件审理的透明度，降低外界对案件裁判可能存在不公的质疑，强化裁判结论的公信力；另一方面，适用陪审制审理的案件较之依普通程序审理的案件必然会占用更多的社会资源和司法资源，故陪审制不宜频繁适用于那些情节轻微、争议不大的案件。但也有学者质疑：重大案件，尤其是重大的民事案件和行政案件，在案件事实及法律适用方面均较为复杂，缺乏法律专业知识和司法技能的人民陪审员能否胜任这些案件的审理工作？

（3）遴选机制逐步走向随机模式

人民陪审员的遴选关系到公民参审权利，是人民陪审员制度的重要内容，也是本轮人民陪审制改革的重点内容之一。《十八届四中全会决定》强调要"完善随机抽选方式"，以提高人民陪审制的公信度。无论是《实施办法》还是《人民陪审员法》都对人民陪审员的遴选机制进行了精心设计，仅从制度规定上看，以往为人所诟病的人民陪审员代表性不足的现象有望得到实质性改善。《人民陪审员法》第八条至第十三条规定了人民陪审员遴选程序，其主要内容包括：一是大幅增加了人民陪审员的数量，"人民陪审员的名额数不低于本院法官数的三倍"（第八条第二款）。二是确立了逐级随机遴选制度。第一阶段，"司法行政机关会同基层人民法院、公安机关，从辖区内的常住居民名单中随机抽选拟任命人民陪审员数五倍以上的人员作为人民陪审员候选人，对人民陪审员候选人进行资格审查，征求候选人意见"（第九条）；第二阶段，"司法行政机关会同基层人民法院，从通过资格审查的人民陪审员候选人名单中随机抽选确定人民陪审员人选"（第十条）。尤值一提的是，负责人民陪审员遴选的机关为司法行政部门，这解决了过往法院作为遴选机关可能存在的立场问题。三是保留了个人申请和机构推荐的产生方式，但限制"不得超过人民陪审员名额数的五分之一"（第十一条第二款）。此外，为实现"人民陪审员的来源更加广泛，结构更加合理"等目标，《人民陪审员法》还对人民陪审员遴选资格条件进行了"一升一降"的调整，即将人民陪审员的任职年龄从原来的23周岁提高到28周岁，将人民陪审员学历要求从一般应当具有大专以上文化程度降低到一般应当具有高中以上文化程度，且农村地区和贫困偏远地区公道正派、德高望重者不受此限。

（4）探索问题列表制度

《实施办法》第二十三条第一款规定，"合议庭评议案件前，审判长应当归纳并介绍需要通过评议讨论决定的案件事实问题，必要时可以以书面形式列出案件事实问题清单"。问题列表制度起源于法国、西班牙等大陆法系国家，通常认为，其具有两大功能：一是通过将犯罪构成要件分解并制成列表，可以有效降低刑事案件事实认定的操作难度，为未受过法律专业训练的陪审员提供方便；二是问题列表相当于"简明的判决理由书"，双方当事人通过阅读陪审团对问题列表的回答，可以在一定程度上了解陪审团对事实认定的逻辑推导过程，由此打开陪审员"自由心证"过程的暗箱，更有利于让当事人服判息诉。《实施办法》中关于问题清单的规定并未被纳入随后出台的《人民陪审员法》中，原因是目前我国理论界尚未对该制度进行深入的研究并提供有分量的研究成果供实践参考，而各试点法院的做法又大相径庭，且实施的效果一般。该制度探索能否随着理论研究的深入、陪审制改革经验的积累而"重新复活"，值得关注。

（5）强化陪审员保障机制

《人民陪审员法》中还规定了较为完备的人民陪审员身份及物质保障机制。如：要求人民陪审员所在单位、户籍所在地或者经常居住地的基层群众性自治组织为人民陪审员参加审判活动提供协助（第四条）。强调人民陪审员的人身和住所安全受法律保护。任何单位和个人不得对人民陪审员及其近亲属打击报复。对报复陷害、侮辱诽谤、暴力侵害人民陪审员及其近亲属的，依法追究法律责任（第二十八条）。人民陪审员参加审判活动期间，所在单位不得克扣或者变相克扣其工资、奖金及其他福利待遇；人民陪审员所在单位违反规定的，基层人民法院可以向人民陪审员所在单位或所在单位的主管部门、上级部门提出纠正意见（第二十九条）。人民陪审员因参加审判活动而支出的交通、就餐等费用，由人民法院依照有关规定给予补助（第三十条）。

（二）新一轮改革理路与困境

1. 改革归因

如前文所述，新一轮陪审制改革的启动，其宏观背景是强调司法民主化、人民性的时代潮流，而其现实目标则直指"陪而不审""审而不议"等人民陪审制现实运行中的"顽瘴痼疾"。"陪而不审"一直被认为是阻碍人民陪审制正常运行的一个难题，严重影响着人民陪审制功能的发挥。早在2013年，最高人民法院院长周强就在对全国人大的报告中指出："当前一些人民陪审员参加审判活动不够主动、不熟悉法律规定、不方便请假、有畏难情绪，有的法院不够重视发挥人民陪审员作用……要规范人民陪审员选任机制，注意克服'长期驻庭''编外法官'现象，改进人民陪审员参审机制，强化法官的法律指引和告知义务，坚决支持人民陪审员依法履职，切实解决'陪而不审、审而不议'等问题。"[①] 最高人民法院副院长李少平在新一轮人民陪审制改革的重要文件——《试点方案》的新闻发布会上指出，《试点方案》针对实践中广泛存在的"陪而不审""审而不议"现象，在完善人民陪审员参审案件机制方面提出一系列改革举措，例如：对每一位陪审员参审案件的数量进行合理分配，对陪审员每年参与审理的案件数量设定上限，防止其成为"专职的陪审员""驻庭的陪审员"；积极在重大案件审理中探索"大合议庭"制度，即重大案件由3名以上人民陪审员参加审理，以使对案件事实问题的讨论更充分；建立健全人民陪审员提前阅卷机制，人民法院应当在

---

① 《最高法拟解决陪审员"陪而不审"问题》，载《新京报》2013年10月23日刊。

开庭前安排人民陪审员阅卷,要为人民陪审员庭前阅卷提供必要的便利条件;保障人民陪审员在庭审过程中依法行使权力,人民陪审员享有参与案件共同调查、在庭审中直接发问、开展调解工作等广泛的审判权力;完善人民陪审员参加合议庭评议程序,细化和规范人民陪审员及合议庭其他成员发表意见顺序及表决程序,保障人民陪审员在评议时可以充分发表意见,人民陪审员的意见应当写入合议庭笔录,严格落实人民陪审员合议庭笔录和裁判文书签名确认制度[①]。2017年12月22日提请全国人大常委会审议的《中华人民共和国人民陪审员法(草案)》中亦强调,要合理界定人民陪审员参审案件的范围,一方面要让陪审制度在国家治理和司法体系中发挥出应有作用,另一方面也要借由对陪审案件范围的合理限定来解决长期存在的陪审形式化、"陪而不审""审而不议"等难题。

2. 针对"陪而不审"现象的改革举措

纵观新一轮人民陪审制改革方案及相关举措,在解决人民陪审制功能弱化、异化问题,特别是普遍存在的"陪而不审"问题上,其主要采取了以下措施。

(1) 限缩陪审权:以陪审员不专业为归因

党的十八届四中全会提出,要逐步实行事实审与法律审分离机制,人民陪审员专注参与审理案件事实问题而不再审理法律适用问题。《人民陪审员法》的出台将这一指导思想部分落实到了制定法中。《人民陪审员法》第二十二条规定:"人民陪审员参加七人合议庭审判案件,对事实认定,独立发表意见,并与法官共同表决;对法律适用,可以发表意见,但不参加表决。"这一制度创新被不少人看作本次陪审制改革的最大亮点之一。

事实审与法律审分离通常被认为是英美法系陪审团模式的特征,"在庭审中,原则上陪审团负责事实问题,而法官负责法律问题"[②]。我国新一轮人民陪审制改革之所以引入该模式,原因在于,在改革者看来,由于人民陪审

[①] 《最高法副院长李少平解读人民陪审员制度改革试点方案》,载《法制日报》2015年4月25日刊。

[②] 施鹏鹏:《陪审制研究》,中国人民大学出版社2008年版,第133页。

员不具备专业的法律知识和审判技能,故在案件法律适用问题方面存在着较大的困难和问题①:一是人民陪审员不具备专业的法律知识。从事司法审判工作通常需要具备丰富的法律专业知识,如对法律规范条文及其背后法理的掌握,这些专业知识的取得需要长期的法律专业学习,通常是采用随机抽取模式产生的陪审员所不具备的,法律专业知识的缺乏导致陪审员常常无法对案件事实认定及法律上的定性做出准确判断②。二是人民陪审员缺乏长期参与审判的实践经验。现代司法已经演化为职业化分工程度很高的工作。如我国法院机关人员分类管理改革,即明确区分了审判人员、审判辅助人员、行政管理人员等不同人员的职能定位。并且,要成为一名可以"明辨是非"的好法官,也需要有长期参与审判工作的经验积累。从我国法官成长经历来看,要成为一名职业法官,除了需要跨过司法考试、公务员考试等多重知识技能考试的门槛外,通常还要在所属法院担任3~5年的书记员,以逐步熟悉审判工作、积累审判经验。即便如此,社会上仍不乏对我国法官成长过快、过于年轻、缺乏经验的批评。而人民陪审员本身的兼职特点,使其很难具备丰富的司法实践经验。三是人民陪审员在专业法官面前会处于"失语"状态。"法律审"对审理者的法律知识和审判经验均设置了较高的门槛,而人民陪审员在这两者上均处于绝对劣势,知识和技能的缺乏以及由此导致的怕"露怯"的心理,使陪审员们在"法律审"中常常无话可说或只是简单附和法官的意见,这是造成人民陪审员"陪而不审"现象的重要原因之一。在改革者看来,务实的解决办法就是将案件"法律审"这一具有较高"专业性"要求的工作排除在陪审员职权范围之外,而只保留陪审员以其普通人之观察力即可从事的"事实审"的职权③。由此,人民陪审员只审理事实问题,不审理法律适用问题的职权配置改革思路顺势而出。

---

① 张思尧:《人民陪审制度事实审与法律审的困惑与出路》,载《法律适用》2015年第6期。
② 胡夏冰:《依法治国背景下的人民陪审制度改革(下)》,载《人民法院报》2014年11月28日刊。
③ 贾志强:《人民陪审员参审职权改革的中国模式及反思》,载《当代法学》2018年第2期。

(2) 专家陪审员：以解决专业技术问题为动机

亦有不少观点认为要消除"陪而不审"现象，增强陪审员在审判中的话语权，一个可行的路径是加强对专家陪审员的使用。

专家陪审员在我国并非新生事物，早在20世纪90年代，最高人民法院在《最高人民法院关于审理第一审专利案件聘请专家担任陪审员的复函》中就指出，人民法院在审理第一审专利案件时，可以聘请案件所涉及的技术领域的专家担任陪审员①。2005年，时任最高人民法院院长肖扬更是对专家陪审员的使用给予了充分肯定，并明确提出要大力完善和推广专家陪审员制度②。2010年1月12日颁布的《最高人民法院关于人民陪审员参加审判活动若干问题的规定》首次以司法文件的形式提及专家陪审。该规定第五条指出：特殊案件需要具有特定专业知识的人民陪审员参加审判的，人民法院可以在具有相应专业知识的人民陪审员范围内随机抽取。

专家陪审员之所以受到推崇，其背后的逻辑思路与事实审、法律审分离的改革思路一脉相承，都认为人民陪审员不具备专业的法律知识和技能是造成当前"陪而不审"现象的主要原因。因此，"只有陪审员具有某一方面的专业知识，才能保证其在审判活动中不被法官的意志所左右"。并且，在现代信息社会"技术爆炸"的背景下，案件审理会遇到越来越多的复杂技术性问题，法院客观上存在寻求专业人士解决审判中遇到的技术性难题的需求。当前，在司法程序中已经存在专家证人、鉴定人、技术调查官或专家辅助人等多种角色协助法官审查专门技术性问题，但实证调研表明，有不少法官认为，在案件审理中遇到复杂技术新问题时，专家陪审员往往可以发挥重要作用，其不仅可以在法庭调查阶段提出一些有针对性的问题，而且在案件合议阶段可以对技术问题进行很好的归纳、总结和定性，也可以修正法官在撰写法律文书时对技术类问题不规范的描述，其作用甚至要超过专业的技术鉴定

---

① 陈如超、马兵：《中国法庭审判中的专家陪审员制度研究》，载《湖南社会科学》2011年第2期。

② 肖扬：《树立科学的司法观、扩大民主、促进司法公正》，载《人民法院报》2005年7月8日刊第1版。

人和专家证人①。由此可见，专家陪审员可以有效弥补法官在复杂技术类案件审理中相关领域知识不足的缺陷。

《人民陪审员法》中并没有专门针对专家陪审员的规定，但这并不意味着通过对专家陪审员的大量使用以激活陪审制度内在活力的改革思路已经淡出了新一轮改革决策者的视野。正如一些观点所分析的，立法并没有排斥专家陪审员参审，选任程序中已经给出了专家进入人民陪审员队伍的正当通道②，并且现行立法确立的三人陪审合议庭和七人陪审合议庭的区分，"旨在更好发挥人民陪审员在事实认定上的优势，而专家陪审员在诉讼专门性问题的准确认定，又与这一制度变化具有内在的契合性"③。实践中，更是有不少改革试点法院将建立专家陪审员库、加强对专家陪审员的使用作为新一轮改革试点工作的重点和亮点。典型者如南京市中级人民法院，由于其具有集中管辖江苏省域内9个城市技术类知识产权案件而形成的规模化、专业化优势，自新一轮人民陪审制改革试点工作开展以来，其专门研究制定了《知识产权专家陪审员选任、参审实施办法》，将更多的来自科研院所、高等院校、行政机关的专家技术人才纳入人民陪审员候选名单，大力推广专家陪审员在知识产权审判领域中的使用④。

(3) 加强法官指引：以扫除"多数意见"障碍为目标

为进一步将事实审与法律审分离的新机制落实到位，新一轮改革还在制度设计上强化了法官的指引职能。《实施办法》第二十一条规定："合议庭评议时，审判长应当提请人民陪审员围绕案件事实认定问题发表意见，并对与事实认定有关的证据资格、证据规则、诉讼程序等问题及注意事项进行必要的说明，但不得妨碍人民陪审员对案件事实的独立判断。"《人民陪审员法》

---

① 刘知行、刘峥：《人民陪审员制度二元结构的理论基础和实践运行》，载《中国司法鉴定》2019年第2期。

② 《人民陪审员法》第十一条规定中保留了个人申请和组织推荐两种方式，实际上就是为一部分专业人士进入陪审员队伍留出通道。

③ 刘知行、刘峥：《人民陪审员制度二元结构的理论基础和实践运行》，载《中国司法鉴定》2019年第2期。

④ 姚志坚、柯胥宁：《知识产权专家陪审制度的检视与完善》，载《人民司法（应用）》2018年第13期。

第二十条规定:"审判长应当履行与案件审判相关的指引、提示义务,但不得妨碍人民陪审员对案件的独立判断。合议庭评议案件,审判长应当对本案中涉及的事实认定、证据规则、法律规定等事项及应当注意的问题,向人民陪审员进行必要的解释和说明。"

法官指引可以在以下几个方面帮助陪审员实质性地参与审判:一是其有助于最大限度发挥民意司法拟制的功能。法官指引制度会增加法官与陪审员交流沟通的频率和深度,这一方面可以帮助陪审员更好地理解审判从而实质性参与到审判中来,另一方面,陪审员的积极参与也会对法官的裁判权形成有效的监督和制约。二是法官指引有助于陪审员构建"事实审"的最佳模式。"事实审"并不是通常认为的凭借陪审员的自然理性就可以轻松胜任的工作,同样需要法官的说明和指引。法官的指引可以为陪审员搭建一个客观理性的认知框架,帮助陪审员免受当事人双方特别是其委托的诉讼代理人的话语误导,使陪审员对案件事实的判断更加贴近客观真实,并且可以有效提高庭审效率。三是法官指引有助于降低陪审门槛,从而间接增强陪审制度的代表性。通过法官细致有针对性的指引,即便是首次参加庭审、完全不熟悉审判流程的陪审员也可以快速进入"角色",同时通过法官的指引将有关问题进行切割、解释、细化,陪审员只需要"按图索骥"就可完成实质性参审的任务,由此降低了陪审法庭对"专职陪审员"甚至"专家陪审员"的需求,降低了陪审员随机抽选等机制落实到位的现实阻力。四是法官指引有助于削弱陪审员的"从众心理"。法官指引可以有效排除"群体思维"对陪审员的干扰,鼓励陪审员不屈从于法官或他人的权威。同时,法官指引也有助于引导陪审员在事前做出合理的决定,免受法官在庭审中倾向性言行或裁判意见的影响[①]。

3. 改革的瓶颈:"陪而不审"问题依旧

尽管新一轮人民陪审制改革的诸多举措都直接指向"陪而不审"现象,

---

① 陈琳、陈志龙:《能度超越与限度突围:陪审员职权改革语境下法官指引制度之构建》,载《海峡法学》2017年第2期。

但这些改革措施能在多大程度上破解人民陪审制运行难题,充分发挥人民陪审制价值,仍然是令人担心的。

(1) 对事实审与法律审分离机制的分析检讨

如前文所述,推行事实审与法律审分离机制的目的在于确保人民陪审员实质性参审,让陪审员在庭审及合议中可以真正发挥作用,破解长期存在的"陪而不审"难题。事实审与法律审分离机制是建立在一定的理论前提上,即由于人民陪审员不具有专业的法律知识和技能,故不能很好地完成"法律审"的职责,而这正是造成"陪而不审"现象的重要原因。

对此,首先需要检讨的是这一观点预设的理论前提能否成立。人民陪审员不具有专业的法律知识及丰富的司法实践经验确是客观事实,但陪审制的可贵之处恰在于通过作为司法"新鲜人"的陪审员将大众视角和社会的常情常识常理带入司法场域,克服职业法官的思维定式乃至职业偏见,使裁判结果最大限度接近社会共识。并且,从广义的司法技能角度上看,不唯在"法律审"环节,在"事实审"环节,单个陪审员对事实的把握较之具有丰富实践经验的专业法官亦有不小的差距,由此是否可以进一步推论,为更准确地把握案件事实,亦应取消人民陪审员"事实审"职权?由此可见,将人民陪审员的职能限于"事实审",只不过是司法只能由受过训练的专业人士执掌这一"司法精英论"的翻版。事实上,将造成"陪而不审"现象的主要原因归结于人民陪审员的智识缺陷是经不起推敲的。"陪而不审"现象背后的原因是多重而复杂的,但可以肯定的是,陪审员没有专业的法律知识和技能并非造成当前"陪而不审"现象的主因,下文对此问题还会有更为详细的阐明。

对事实审与法律审分离机制能否达到预想的改革效果的另一重担忧在于,司法实践中"缺乏区分事实审和法律审的有效机制",这在此次人民陪审员试点改革的推行过程中已有充分展示。造成这种"区分困境"的原因主要有两方面:首先,我国法律中并没有对如何区分事实问题和法律问题作出明确规定。基于我国的成文法传统,法官在缺乏具体法律指引的情形下,面对相关问题时往往会束手无策。其次,不唯我国,通过对境外法治发达国家的现实实践观察可见,区分事实问题与法律问题亦是其司法实务操作中的一个难题。司法裁判通常遵循"大前提—小前提—裁判结论"的三段论式逻辑推导，大前提对应的是法律法规，小前提对应的是案件事实，两者看似界分清晰，但是，当我们进入真实的诉讼场域中，就会发现两者的区分并非如想象中那么静态、平面化，而是一种动态、立体化的过程①。

司法中的事实是一种法律事实，与之相对应的是客观事实。客观事实是发生于一定空间、一定时间的客观存在，其通常表征为一种物理现象，如张三给李四写下了一张借条、A 撞倒了 B、钱某将自己名下的房屋变更登记给孙某等等②。而法律事实则是一种规范性事实，其不但指向过去某一时间、某一地点发生了什么样的事情，而且在判断这一事实的过程中已经掺杂了特定的法律标准。如前面所举的例子，张三给李四写下了一张借条，同样一个客观事实，在法律事实层面可能会构成张三向李四借款，也可能不构成张三向李四借款，因为根据相关法律规定，张三与李四之间要构成法律上的借贷关系，除了双方之间有书写借据行为这一形式要件外，还需要满足双方有真实的借款合意、出借人向借款人实际交付了款项等要件；再如 A 撞倒了 B，在法律上对此进行评价，可能是 A 侵害了 B 的身体权益，构成了侵权，也可能是 B 偷盗了 A 的钱包，A 为讨回钱包而采取了自力救济行为；同理，钱某将名下房屋权属变更给孙某，可能是钱某的单方赠与行为，也可能是双方之间存在房屋买卖合同关系。可见，对法律事实的认定更是一个司法证明的过程，其不仅要着眼于客观的外在形式，还要借助于法律规范，通过相关证据，在法律层面去评价这个"事实"。在法律事实的认定过程中，事实和法律已经"水乳交融""难分彼此"，将法律事实的认定简单化为对外部客观存在的观察，是片面的，也是不符合审判现实的。

事实上，即便是在我们所认为的事实审与法律审分离机制的源头，即英美普通法系国家，也并不是如我们所想象的，由法官主持先对事实问题和法律问题进行区分，再分别交由陪审员和法官进行裁决判断。正如内森·艾萨

---

① 贾志强：《人民陪审员参审职权改革的中国模式及反思》，载《当代法学》2018 年第 2 期。
② 李力、韩德明：《解释论、语用学和法律事实的合理性标准》，载《法学研究》2002 年第 5 期。

克指出的,应当用"法官的问题"和"陪审团的问题"来取代现在的"法律问题"和"事实问题"的表述,这样就可以避免很多人的误解和迷惑①。综上,事实审与法律审分离机制能否在司法实践中实质性地运转起来,并产生预想的改革成效,仍然有待观察。

(2) 对专家陪审制的分析检讨

尽管在司法实践中,专家陪审制一直备受法院的青睐,并且在有专家陪审员参与审判的案件中,专家陪审员确实具有相当的话语权,但从实质上看,虽然专家陪审制被冠以陪审制的名称,但其功能作用与真正意义上的陪审制已经大相径庭。法院偏好使用专家陪审员,其原因与陪审员在司法实践中还充当庭审书记员、裁判文书送达人、案件执行阶段的执行人等多重角色背后的原因如出一辙,都属于法院依照自身需求对陪审制进行的功利性使用。尽管专家陪审员对专业知识的掌握能够满足法院在审理复杂技术类案件中对有关专业知识的需要,专家陪审制也的确可以使人民陪审制实质性运转起来,但通过这种方式来解决所谓的"陪而不审"问题已经背离了陪审制设置的初衷。这种背离具体表现在:

第一,专家陪审制无助于增强民众对裁判主体的信任。陪审制最初源于"邻人审判",陪审员通过随机抽选方式从社会大众中产生,使陪审员具有代表社会大众利益以及独立于司法机关的特征,这是陪审员参与裁判可以增强裁判公信力的一个重要原因。而专家陪审员通常属于高知阶层,具有较高的社会地位,由于其所处阶层、社会地位与普通民众的差距,因此很难让民众产生专家陪审员可以代表他们群体利益的心理认同②。并且由于对所谓"专家"审判员资格的认定权、陪审活动的安排权都掌握在法院手中,专家陪审员对法院的强依附关系又削弱了其"独立性"特征。专家陪审员所具有的知识优势亦难以填补由此产生的"信任罅隙"。

第二,专家陪审制有碍于对案件事实的准确认定。陪审员的一项重要职

---

① 陈学权:《人民陪审员制度改革中事实审与法律审分离的再思考》,载《法律适用》2018年第9期。

② 周成、喻怀峰:《陪审员专家化之合理性质疑》,载《法律适用》2015年第9期。

能就是对案件事实作出准确认定。陪审员之所以具有较强的事实查明能力，在于陪审员来自五湖四海的各个阶层，犹如各种大小不一、颜色各异的玻璃碎片可以组成一个绚丽多姿的万花筒，这些阶层、职业、专业、阅历各异的陪审员组成的抽象群体比成长环境更为单一的职业法官群体具有更强的观察力优势。并且陪审员由于对审判场域的不熟悉而产生的新鲜感，会使其在审理过程中更加专注，也更容易发现职业法官由于职业思维惯性而产生的认知偏差或谬误。专家陪审员具有和职业法官类似的在事实认知方面的劣势。专家陪审员多来自高校、科研院所等特定场域，不具备随机抽选的陪审员所具有的多元化视角和丰富阅历，观察问题和分析问题常常难以跳脱自身的职业思维惯性。并且，掌握某一领域专业知识的专家陪审员，往往在专业领域方面更为自负，听不进与自己不同的观点、意见、看法，缺乏对自身认知的反思能力。此外，同行业之间相互熟悉而形成的利益关系和人情关系，也加大了专家陪审员刻意扭曲事实、偏袒一方的道德风险。

第三，专家陪审制不利于法律规范合法性的提升。法律有可能失去其正当性的一个重要原因在于参与立法的代表性不足，主流民意不能顺畅地通过立法程序上升为国家意志。弥补法律正当性缺失的一个重要途径就是通过随机抽取的方式，让代表社会各个阶层的民众与职业法官一起参与审判。在具体案件的审理中，如果发现某一法律规定不合理，陪审员可以与职业法官进行充分的沟通商谈，最终通过对法律条文的选择、对法律漏洞的填补、对法律进行扩大或限缩解释等多种手段来衡平"合理性"不足的法律对当事人乃至整个社会的不利影响[①]。专家陪审员身份的精英化以及其通常由法院指定参与案件审理的事实，使其不具备随机抽选的普通陪审员身上所具有的社会代表性特征，只会进一步加剧民众与法律间的疏离。

此外，从程序正当性视角观察，当前，特定领域的专业知识对于某些复杂技术性案件的审理起到越来越重要的作用。法官尽管不具有相关领域的专业知识，但可以借助专家证人制度、鉴定人制度等对专业知识进行理解、审

[①] 周成、喻怀峰：《陪审员专家化之合理性质疑》，载《法律适用》2015年第9期。

查,并最终将其运用于裁判结论中,法官的"无知"状态杜绝了可能"先入为主"的偏见或错误认知,但专家陪审员身兼专业知识的拥有者和裁判者双重身份,反而失去了对专业知识进行判断的中立立场,有可能产生专家陪审员的"一家之言"即完全决定了案件最终走向的风险,剥夺了当事人在法官面前对专业知识进行质证的权利,有违程序正当性原则。

(3) 对法官指引制度的分析检讨

作为事实审与法律审分离机制改革的配套机制,法官指引制度意在通过加强法官指引的方式填补陪审员知识和技能上的"短板",帮助人民陪审员更好地履行事实认定的职责。但从实践中看,该制度在实际运行中亦存在不少的难题。

首先,无论是《实施办法》还是《人民陪审员法》,都只是对法官指引制度进行了原则性规定,而缺乏具体的实施细则,制度的粗疏使得这一制度在很大程度上还停留在纸面,无法落实到司法活动中。

其次,我国的司法资源一直相对紧张,法院案多人少矛盾突出。强化法官的指引职能,不可避免会增加诉讼的成本,降低审判的效率。如何协调不同司法目标之间的张力,直接影响着法官指引制度的落地程度。

再次,新一轮陪审制改革力推事实审与法律审分离机制,其背后的逻辑是人民陪审员不具有专业的法律知识,在案件的法律适用方面,面对专业法官的"知识霸权",容易失去话语权。而强化法官在事实审中的指引职能,很可能会加强法官在案件事实认定方面的强势地位,从而再次让陪审员陷入失语状态。并且,陪审员认定事实的优势正在于其司法领域"局外人"的视角,而在法官的指引下可能会产生趋同效应,使陪审员的视角和观点向职业法官靠拢,从而失去了其认知上的独特优势[①]。

最后,要强化法官在事实审环节的指引职能,需要体系完备的证据法或证据规则作为制度前提。当前,我国尚未形成科学系统、体系完备的证据法

---

① 周雨:《司法改革语境下法官指引制度之陪审员职权构建》,载《云南社会主义学院学报》2017年第2期。

规则体系，有关证据方面的法律规范散见于各部门法。在缺乏系统完整的证据法规则指导的前提下，法官的指引必然会呈现出因人而异、因案而异的状态，制度运行的好坏将完全取决于办案法官的个人能力和个人素质，由此，这一制度的现实运行效果令人生忧。

通过上文的分析可知，尽管新一轮人民陪审制改革有着明确的目标指向——消除"陪而不审"现象，并且围绕着该目标精心设计了一系列具有针对性的改革措施，但从实践效果上看，这些改革措施要么本身即存在着难以施行的障碍，要么施行的效果甚微，远远不能达到消除"陪而不审"现象的改革目标。上述问题的存在，根本原因在于现有的改革思路没有抓住人民陪审制问题的本质，只是想当然地将"陪而不审"等现象的存在归结为单纯的技术性、制度操作性问题，由此导致解决问题的思路也只是对人民陪审制进行技术层面上的调整。本书认为，要彻底消除"陪而不审"等陪审制失灵现象，需要我们坚持目的论的方法论，从陪审制的制度目的层面进一步挖掘导致陪审制失灵的根源，找准陪审制的制度定位和运作机理，在科学认识的基础上筹划改革举措，这样才能获得事半功倍、药到病除的改革效果。

二、司法沟通理性制度化的陪审制度

（一）作为司法公共领域的陪审制

1. 司法的沟通理性

（1）从神明裁判到理性司法

在现代人看来，司法的公正建立在司法的理性之上乃当然之理。但从司法的历史发展进程看，司法的理性化实际上是一个历史发展的产物，人类的司法史曾长期被神明裁判等非理性方法占据，只是随着人类认知水平的提高和证据学理论的不断发展，神明裁判等非理性司法手段才逐步退出了世界历史舞台。

神明裁判曾一度盛行于世界各大历史文明古国。古代两河领域的《苏美尔法典》记述："引诱自由民之女离家出走，而女之父母知之者，则引诱此女之人应对神发誓云：'彼实知情，过应在彼。'"孟罗·斯密在《欧陆法律发达史》一书中记载，古代欧洲的日耳曼法传统认为，只有神能明辨是非曲直，所以对于两造争端的解决，通常不外乎两种方法：一是通过某种方法使神意直接显现，来判明事情的是非曲直，如火审（让嫌疑人手持烙铁步行并用舌头舔之，无伤则无罪）、水审（让嫌疑人沉入水中一段时间，浮起者有罪，反之无罪）、毒审（让嫌疑人服某种毒物，无特殊反应则无罪）等等。二是用心理的方法，利用当事人对神明的恐惧心，使其觉得如作虚假陈述，必将触犯神灵，故不得不吐露真相。我国古代历史上，也盛行通过向神占卜的方法进行审判。殷墟出土的源自商朝的甲骨文中，多次出现通过占卜方式对刑犯定罪量刑的记录，这种传统甚至一直延续到两汉时期，《史记》中尚有"(孝武帝时)辩讼不决,以状闻。制曰:避诸死忌,以五行为主"的记载。

神明裁判的盛行与古代社会民众对宗教的崇拜密切相关。在古代社会,由于科学理性不发达,人们普遍将宗教、神话作为世界运行以及自然中种种不可知现象的解释工具。同时,在古代社会,宗教还普遍发挥着心理慰藉、道德教化、社会控制等多重功能。波斯人的拜火教、希伯来人的犹太教、欧洲人的基督教、阿拉伯人的伊斯兰教、印度人的婆罗门教、佛教,甚至中国的儒家、道教都曾在这些民族、地区的社会公共生活中发挥过重要作用。进入近现代社会,随着世俗化的"祛魅"、宗教权威的颠覆,人的理性的彰显,神明裁判等非理性裁判方法逐步让位于以人的理性为衡量尺度的理性司法。这一转变率先发生于西方,经过文艺复兴、宗教改革和启蒙运动的洗礼,西方社会在科学理性旗帜的引领下,逐步由宗教社会转向世俗社会。法律作为从社会系统中分化出的子系统,也脱离了对宗教的依附地位而逐步取得了自己的独立地位。法律不再被认为是来自神灵或上帝的律法,而是主权者意志的产物;法律不再关心人们在彼岸天国中的命运,而将视线转向尘世的现实;法律不再规范人的内心信仰,而转而规范人的外在现实行为;裁判的方法也不再诉诸超验的神明裁判,而诉诸人们的理性判断①。

(2)从技艺理性到沟通理性

司法之理性最初被认为是一种"技艺理性",这在英国大法官库克1607年的"禁诉令"一案中有着清晰的呈现。面对英王詹姆士一世关于其是否可以以君主之身亲自裁判案件的诘问,库克回答,国王本人不能裁决任何案件,无论是叛国罪等重大刑事案件,还是有关遗产继承、货物买卖的民事案件,都只能由专业的法官依据英格兰的普通法和习惯法进行裁决。当国王反问,司法裁判是以人的理性为基础的,而国王具有和法官一样的理性,因此其也应有资格审判案件。对此,库克回答道,国王陛下本人确实具有和普通人一样甚至更高的自然理性,但司法裁判依靠的并不是人的自然理性,而是

---

① 高鸿钧:《法律成长的精神向度》,载《环球法律评论》2003年第4期。

一种技艺理性。作为一门技艺理性，它需要人长时间的学习和历练才可以有所把握。司法的技艺理性说也迎合了资本主义发展初期对社会分工的推崇。现代经济学鼻祖亚当·斯密是最早提出社会分工有助于提高社会生产率的学者之一。他举例，如果将生产扣针的过程分解为18个工序，那么劳动生产率就可以实现从一人一天平均只生产20个扣针到平均生产4 800个扣针的巨大飞跃。其中的奥妙在于，分工后，人们对特定工序的劳动熟练度会提高，转移工序的时间会减少，人们专注于一项工作，也更容易改进技术，表现出创造性，所以说分工是提高近现代社会劳动生产力的源泉。从某种意义上讲，人们对司法技艺理性的看重和强调可以说是深受这种社会分工理论的影响。

随着时代的发展，人类认识的进步，司法的技艺理性说逐渐让步于沟通理性说这一新理论范式。这一转变，首先源于人们对理性的再审视。理性的核心是行动者对其意志行为可以给出合理的理由[1]。相比较而言，一个依理性行动的人较之仅仅依靠激情或习惯行动的非理性个体确实表现出更强的行为合理性。但这种理性仅仅是个体理性，由于社会中还存在着其他诸多的行动者，每一个行动者从自身考虑出发的理性行为可能会与其他的行动者之间存在显著的冲突矛盾，要消解这种冲突带来的社会张力，就必须超越个体理性的认知局限，将个体理性扩展到整个社会层面，即所谓的公共理性。公共理性概念作为一个极富洞察力的学术概念最早由英国学者霍布斯提出，尽管这一概念的提出距今已有数百年的历史，但在当今价值观多元化的现代社会却更加凸显出其理论价值。当代学者罗尔斯指出，现代社会的民主政治给予每一个公民追求自身价值偏好的自由，由此造成社会价值多元的事实，每一个公民按照自身的价值偏好自行其是必然会导致分歧和冲突。对此，只有通过理性的公共运用，在各种善的观念间达致重叠共识，才能在尊重多元和保持社会稳定之间获得平衡[2]。当代哲人哈贝马斯从程序视角对公共理性概念及在价值多元化社会如何获得公共理性进行了阐明，并由此创设了自己的沟

---

[1] [美]大卫·高尔希：《公共理性》，陈肖生译，载谭安奎主编：《公共理性》，浙江大学出版社2011年版，第45页。
[2] 王旭：《作为公共理性之展开的宪法实施》，载《环球法律评论》2012年第6期。

通理性学说。他指出：公共理性是免于强制的交往中形成的共同信念①，这种公共理性的形成应当以公共领域中公民的沟通商谈为中心，并通过公共领域对掌握公权力的国家机关的"围攻"来实现②。换言之，其将现代社会的合法性建立在沟通商谈程序之上，主张公民在无强制的状态下，经由各自阐述论证理由的沟通和商谈，由此形成可以体现公民群体意志最大公约数的共同意志，这才是现代社会合法性的源泉③。

　　司法理性天然具有公共理性的特质。一方面，司法权的行使以法律为依据，而法律作为调节现代社会秩序的普遍性规则，本身就体现为社会公共理性的集合。当代社会的法律多要经过烦琐的民主立法程序，以彰显其系社会公共理性集合的表征。另一方面，司法权本质上是一种判断权。不同于自然科学研究对物质客观属性的探究，判断权处理的是对人们行为真假、是非、曲直的判断，是经验的而非先验的，是与特定社会相联系的而非独立于其之外的。裁判者在此所表现出的理性主要为一种价值理性。作为一种价值理性，其合理性有效性检验的标准只能来自主体间向度的公共认同，即个体的价值理性必须最大限度契合于社会公共理性。换言之，一个可以被社会公众广泛认同的裁判才是一个合法有效的裁判。由于公共理性在程序上的一面即表现为沟通理性，故裁判者要实现个体理性向公共理性的看齐，其有效途径即表现为在决策程序中遵循沟通理性。这要求司法应当保持一定的开放性，积极建立和完善可以实现裁判者与社会在司法过程中沟通交流的制度化平台。在这个制度化的沟通平台中，通过代表法律的裁判者与代表社会的参与者之间充分的商谈沟通，实现法意和民意间充分的碰撞交融，在两者的最大公约数之间求得共识。经此过程产生的裁判结论即可以说是充分体现了社会的公共理性，也即一个具备充分合法性和有效性的裁判。

2. 司法沟通理性原理——沟通理论

　　前文梳理了由非理性司法到理性司法，由司法技艺理性到司法沟通理性

---

① 谭安奎：《公共理由、公共理性与政治辩护》，载《现代哲学》2011年第6期。
② 杨晓畅：《罗尔斯公共理性观的法哲学之维：启示与限度》，载《法学评论》2013年第2期。
③ [德]尤尔根·哈贝马斯：《通过理性的公共运用所作的调和：评罗尔斯的政治自由主义》，谭安奎译，载谭安奎主编：《公共理性》，浙江大学出版社2011年版，第354页。

的历史发展脉络。司法的目的在于追求公平正义，而在"祛魅"后的价值多元化的现代社会，公平正义的评价标准在于是否契合社会最大多数人的重叠共识。当代司法理性向沟通理性的转向，亦在于只有通过沟通理性才可以使裁判结果最大限度满足社会绝大多数群体的重叠共识，增强判决的公信力和合法性。而要进一步探究沟通理性之于现代社会合法性的作用机理，就需要借助当代哲人哈贝马斯创设的沟通理论。

哈贝马斯可以说是当今世界最为著名的哲学家之一，他在反思韦伯和法兰克福学派对工具理性批判的基础上，提出了以主体间性为中心的沟通理论。沟通理论对当代哲学、社会学以及其他诸多学科的学术研究都产生了重大而深远的影响，堪称当代欧洲哲学乃至整个当代西方哲学发展史上的一个重要里程碑。

(1) 沟通理论的哲学基础：共识论真理观

哈贝马斯的沟通理论谈论的是现代社会的合法性问题。"在现代社会学中，对合法性概念的有用性几乎没有什么争议，有争议的是合法性与真理的关系问题。"[①] 在哈贝马斯看来，合法性概念与真理不能脱钩，故其学说也是从对真理问题的讨论展开的。古今中外关于什么是真理的理论有很多，符合论真理观是其中一种最古老且认可度最高的真理论形式[②]，其代表人物包括亚里士多德、洛克、贝克莱、罗素和维特根斯坦等等。符合论真理观是从客观事实与命题间的关系角度来定义真理的。符合论真理观认为，判断真理的标准即在于判断命题与客观事实之间是否相符：凡是命题与客观事实之间具有相符关系的，这个命题就是真理；凡是命题与客观事实之间不具有相符关系的，则为谬误[③]。换言之，符合论真理观的一个基本预设是存在一个独立于人之外的客观世界，一个理论或陈述的价值取决于该理论或陈述与这个外在客观世界是否相吻合。乍看来，符合论真理观很符合人们的直觉，很有说服力；哈贝马斯则认为，要判断命题与客观实在之间是否相符，就必须预设

---

① [德]哈贝马斯：《合法化危机》，刘北成、曹卫东译，上海人民出版社2000年版，第125页。
② 刘志丹：《哈贝马斯真理共识论》，载《广西社会科学》2012年第8期。
③ 曹剑波：《几种真理观及其评析》，载《上海交通大学学报（社会科学版）》2001年第1期。

一个超越于两者之上的独立第三者的存在，而在现实中，这样一个中立的判断者和判断立场是不存在的，并且符合论真理观视野中的所谓真理或真实，不仅预设了主体与客体、命题与存在之间的对称关系，而且预设了主体间认知的统一性。正如一千个人眼中有一千个哈姆雷特，人作为认识主体对客观存在的认识和言说永远是主观的、差异化的、个性化的，根本不存在可检验的、完全同一的真理判断标准①。

针对符合论真理观的弊端，哈贝马斯提出共识论真理观的观点。该观点认为：所谓真实，仅仅是人际语言交往的一种"有效性声称"；所谓真理，则是话语主体通过语言交往而达成的共识②。对真实和真理的判断并不存在外部的客观性检验尺度，其检验的标尺应是它的"主体间性"，即"话语的真实性只有在话语主体的交往对话中才能得到检验。当所有人进行平等的对话，以理性对同一话语对象进行充分的探讨论证，最后达成共识时，该话语才可以被看作是真实的"③。哈贝马斯预设了人有进行理性讨论的能力，而且有借由理性讨论来解决分歧的愿望；讨论又是需要条件的，这个条件概括地说就是要有一个允许自由讨论的公共领域或公共空间，这样的空间是需要相应的制度来加以保障的；共识的达成是主体间性的，而不是主体性的。并且这样的共识型真理可以通过理性批判和公共审议来加以检验。在此，规范性和经验性融为一体：规范之所以为规范是因其为共识，共识也即事实上的认可。规范性的真理实现了从符合论真理观向共识论真理观的转变，经验性的信念被重铸为共识，实现了从赞同向共识的转变④。

哈贝马斯认为，共识论真理观可以被用以消解现代社会所遭遇的合法性危机。现代社会的合法性所遭遇的最大挑战是形而上学的隐退。进入现代社会之后，随着世俗化的"祛魅"、宗教权威的颠覆，神灵权威无法继续为法律和政治权力提供合法性的基础。而随着人们理性化反思能力的增强，连道

---

① 谈火生：《民主审议与政治合法性》，法律出版社2007年版，第204页。
② 章国锋：《关于一个公共世界的"乌托邦"构想》，山东人民出版社2001年版，第143页。
③ 章国锋：《哈贝马斯访谈录》，载《外国文学评论》2000年第1期。
④ 谈火生：《民主审议与政治合法性》，法律出版社2007年版，第205页。

德等世俗化的形而上学根基也产生了动摇①。一开始，实证法还可以寄生于自然法或道德法之下，从自然法中获得合法性的资源。随着历史法学的兴起，开始强调法律的历史和传统，反对将法律建立在自然法的基础之上②，转而强调私法自身的内在价值和独立性，其合法性来源转向个体权利及其基础——个人意志。到了19世纪晚期，人们越来越强烈地意识到，私法要从自身获得合法性，必须将法律主体之私人自律建立在人的道德自律的基础上，正如康德的"权利原则"所为，将选择的自由同人的自主一致结合起来，如此，方可获得合法性的力量。但康德的这个原则最终也被抛弃了，在法律实证主义者看来，法律是为特定的决策和权力提供事实性约束力的一种特殊形式，决策和权力的合法性不再来源于人的意志，而取决于法律，准确地说，是法律的程序。

法律实证主义将合法性化约为程序的合法律性，而哈贝马斯认为，仅有此是不够的，因为它无法解释实证法的合法性从何而来。一个最明显的例证是，希特勒的法西斯政权的建立是符合当时德国的法定程序的，但其显然不能被称为是合法的。按照哈贝马斯的思路，对于现代社会的合法性问题需要建立在反思性的论证之上，但其类型仍然是程序性的。现在的问题不是需不需要程序的问题，而是程序产生出来的决策结果可能是不合法的。我们需要追问的是：什么样的程序才能产生出合法的结果？在此，哈贝马斯强调，法律程序可以产生合法的结果的前提是，这一法律程序所在的法律秩序本身须被承认是合法的。换言之，只有对整个法律—政治系统本身的证明才能赋予通过符合于此法律—政治系统的程序而产生的决策以合法性。于是，问题转化为，法律—政治系统本身应建立在什么样的基础上才能证明自身的合法性③。

---

① 高鸿钧：《走向交往理性的政治哲学和法学理论（下）——哈贝马斯的民主法治思想及对中国的借鉴意义》，载《政法论坛》2008年第6期。
② [美]博登海默：《法理学——法律哲学与法律方法》，邓正来译，中国政法大学出版社2017年版，第217页。
③ 谈火生：《民主审议与政治合法性》，法律出版社2007年版，第211页。

对此，哈贝马斯采取的策略是，将合法程序本身植根于理性的对话和合理的同意基础之上。哈贝马斯认为，在现代社会中证明的水平变得日益具有反思性，民主制度应建立起有利于理性的意见形成的程序和条件。有了这样的程序和条件，法律—政治系统的形式上的正确性即可保证这样的设想：决策表达了共同利益，而这样的共同利益是所有人都会理性地同意的。以这样的方式，哈贝马斯在概念层次上将合法性、程序的正确性、理性的可接受性和共同利益相互连接起来，以重建现代社会的合法性基础。

（2）沟通的工具：话语原则

共识论真理观将真实界定为人际语言交往的一种"有效性要求"，而真理不过是这一要求的实现。话语交流之所以能够达致"共识真理"，需要从语用学的角度来回答。哈贝马斯曾指出，社会的政策或者法规属于规范性的命题。比如，如果我们发现A生病了，那么我们会对A说，"你应该去看医生"，这句话的目的不是要传达某个信息或告诉他人某种知识，而是要让听话者按照这句话的要求去做，这就是语义学和语用学的差别。语义学要分析句子的意思，它是用来交流信息、解释意义的。而在维特根斯坦看来，人们说话不仅仅是要交流信息，更重要的是要做事，当说话的人表达了某个命令的时候，这个命令被人们执行了，就说明这个命令是有效的，这就是语用学意义上的交流。在语用学意义上的交流中，说话的人在交流的时候实际上都做出了一些"承诺"，或者说都做了一些预设。这种承诺或者预设就包含了：他的话语的内容是真实的，他所表达的情感是真诚的，他所表达的要求也是正当的，如果听话的人接受了他的要求，就意味着听话的人承认这些话语所表达的东西具有"真实性""真诚性"和"正当性"；也可以反过来说，在话语交流中，听话的人对说话的人也会提出"真实性""真诚性"和"正当性"的要求，如果听话的人的这些要求得到了满足，那么就是说，说话的人在说话的时候兑现了这些有效性要求。从理论上说，说话人的每一句话都应该兑现这三方面的有效性要求（对话过程中还预设了另一个有效性要求，即话语的可理解性。如果一个人故意说有歧义的话，那么话语的有效性要求也无法被兑现）。如果话语中的有效性要求被兑现了，或者说被听话人接受了，那么这个话语就是有效的①。当然，在不同的场合某一具体的话语的侧重点可能会有所不同。

正是运用了语用学的方法，哈贝马斯建立了沟通理论来解决现代社会的合法性问题。他认为，对合法性问题的核心，即法律是否有效，不仅仅要在语义向度中寻找，而且要在法律论证过程本身的语用向度中寻找。因为逻辑—语义向度是探讨真理的符合问题，但"规范性判断的正确性是无法在真理的符合论意义上来解释的，因为权力是一种社会构造，不能把它们实体化为事实。'正确性'意味着合理的、由好的理由所支持的可接受性"②。"一个判断其有效性的关键在于它的有效条件是否被满足，这不能通过语义分析的逻辑推理而实现，只能通过语用的商谈方式，即通过以论辩的方式而实施的论证过程来实现"③。

在哈贝马斯看来，对"合法性论证"采用语用学的方法还是语义学的方法正是其区别于韦伯"法律合理性"学说的本质特征。韦伯系使用"传统形而上学的语义学方法来解决现代性困境"④。他主张现代社会的合法性统治应建立在法治基础之上，这种法治是一种形式主义法治，即法治的正当性源于法律本身而非其他。在这种形式主义法治观看来，法律是一个自给自足、逻辑自洽的封闭系统，可以对外源源不断输送合法性资源。对此，哈贝马斯批判道，韦伯采取的是观察者的视角而不是参与者的视角，是从个体的人出发而不是从人际互动出发的，故而展现在他眼中的现代人是"功利人""理性人"的形象，而不是基于主体互动而产生的沟通行为⑤。哈贝马斯对如何运用语用学方法进行合法性论证曾这样举例，如对于一个命令"我要你给张三带一本书"，作为听众，你可以从三个方面进行有效的拒绝：一是"不，你没

---

① 王晓升：《现代性视角下的社会整合问题——哈贝马斯交往行动理论的启示》，载《武汉大学学报（哲学社会科学版）》2018年第6期。
② ［德］哈贝马斯：《在事实与规范之间——关于法律和民主法治国的商谈理论》，童世骏译，生活·读书·新知三联书店2003年版，第278页。
③ 聂长建、李国强：《哈贝马斯"合法性"概念的语用学分析》，载《学术探索》2008年第6期。
④ 聂长建、李国强：《哈贝马斯"合法性"概念的语用学分析》，载《学术探索》2008年第6期。
⑤ 童世骏：《没有"主体间性"就没有"规则"——论哈贝马斯的规则观》，载《复旦学报（社会科学版）》2002年第5期。

有命令我的权利",这是从规范的角度批判这个命令是不正确的;二是"不,我根本遇不到张三,所以没有机会把书带给他",这是从陈述内容真实性的角度批判这个命令是不真实的;三是"不,你这样说不是认真的,你只是在对我开玩笑",这是从发布命令者动机的角度来批判他是不真诚的。这三种有效性拒绝中,第一种和法律最为接近,它反映了主体间的一种互动关系。事实上,现代法律秩序获得合法性的核心要义在于,"公民应该时时都能够把自己理解为他作为承受者所要服从的法律的制定者"①。法律不再是主权者的命令,公民对法律的服从是建立在其也参与了法律建构过程的基础之上的,法律的合法性具有鲜明的"主体间性"特征。

哈贝马斯将现代社会的合法性基础构筑在所有的相关者能够作为参与者进行合理的言语商谈之基础上,但并非任何经言语商谈达成的"共识"都应当被视为真正的共识。按照哈贝马斯的设想,言语商谈过程是在一定的法制化环境中发生的,或者说,商谈过程是在一定的规则下进行的。法制化的环境或规则可以将复杂的社会关系加以简化,并排除强制等不利因素对言语商谈的影响。哈贝马斯曾引用科恩关于商谈的公式来说明商谈所应遵循的一些基本规则②:其一,商谈过程是一种论辩性质的、由参与各方进行信息与理由交换的过程。其二,商谈过程具有公共性、包容性特征,凡是有可能被决策影响到的个人均享有同等机会参与到商谈中来,原则上没有任何人可以被拒绝在外。其三,商谈过程排除外在的一切强制因素,唯一的例外是参与者必须遵循交往的预设和商谈的规则。其四,商谈过程也必须排除妨碍参与者平等参与的内在强制因素,如参与者自认为在智识上与其他参与者存在差距,而怯于发表自己的不同观点。此外,商谈过程的目的是要达成一致的意见③。

(3)沟通的场域:公共领域

"公共领域"是哈贝马斯沟通理论中的另一个重要概念。公共领域一词

---

① Habemas. Between Facts and Noms Contributions to a Discourse Theory of Law and Democracy. William Rehg (trans). Cambridge, MA: The MIT Press, 1996, p. 449.

② [德]哈贝马斯:《在事实与规范之间——关于法律和民主法治国的商谈理论》,童世骏译,生活·读书·新知三联书店 2003 年版,第 379 页。

③ 王晓升:《现代性视角下的社会整合问题——哈贝马斯交往行动理论的启示》,载《武汉大学学报(哲学社会科学版)》2018 年第 6 期。

并非哈贝马斯的独创。当代思想家如汉娜·阿伦特、哈贝马斯、罗尔斯、奥克肖特、查尔斯·泰勒等都对公共领域思想进行过论述，哈贝马斯是其中最为杰出、影响最大的一位。公共领域一词的使用最早可以追溯到古希腊历史。在古希腊城邦中，每一位自由民都拥有泾渭分明的公共领域和私人领域。私人领域主要处理获取生活必需品等现世世俗世界的事务，而公共领域则为公民精神上的沟通交流提供广阔的空间。公共领域并不是指某一个有形的空间如城市的广场等，而是建立在对话之上的。在古希腊人眼中，与转瞬即逝的现实世界不同，公共领域具有自由王国和永恒王国的特征。通过在公共领域中的对话、思辨，可以将人类精神中最美好的部分展露并保存下来。

根据哈贝马斯对公共领域所下的定义，公共领域是介于日常生活的私人领域与国家领域之间的一种结构空间和时间。在公共领域中，公民之间通过排除强制因素的理性辩论形成公共舆论，以此对抗武断的、压迫的国家与公共权力，并以此维护总体利益和公共福祉的社会机制。哈贝马斯指涉的公共领域是以理性批判为基础，以追求共同利益为宗旨的公共参与形式。作为理想的公共领域模式，他继承了康德的启蒙观点，认为只有通过体现了公共理性的批判性辩论才能将私人的意见转化为公共的舆论，公共舆论不是个人意见的简单累加，而是公众借由理性的辩论对共同利益所形成的同意与共识。非经公共理性辩论而形成的意见，如大众传媒所展现的或民意调查的结果，只能算是非公众的意见，只有经过公共舆论批判性认可的原则才能成为新的政治合法性原则①。哈贝马斯定义下的公共领域不是指某种建制或组织，也不是关于权能分化、角色分化、成员身份规则等的规范结构，而是一个观点、意见的交往网络。在那里，交往之流经某种特定的方式过滤、综合，根据特定议题集束而成为公共意见或舆论。在现实世界中，公共领域既可能存在于正式制度中，如议会；也可能存在于非正式制度中，如网络等等②。哈贝马斯还曾将公共领域进行了强弱划分，其中，弱公共领域是一种非组织化

---

① 谈火生：《民主审议与政治合法性》，法律出版社2007年版，第227页。
② 吴英姿：《构建司法过程中的公共领域——以D区法院陪审制改革为样本》，载《法律适用》2014年第7期。

的舆论形成的载体，与之相应的是市民公共领域；而强公共领域则是高度结构化和形式化的，与之相应的是政治公共领域，特别是立法机构。弱公共领域是公共舆论形成的必要场所，在这个场所中，通过市民社会的各种社团、协会的积极的审议产生出公共舆论，这些专事于公共舆论的团体，它们提出议题和建议，通常会力图形成公共影响，它们属于由大众传媒所支配的公共领域的市民社会基础。由于这种商谈渠道非正式、高度分化和错综交织的特点，这种公共领域构成了公共领域真正的边缘①。根据哈贝马斯"边缘—核心"的政治想象，位居核心的是真实的立法机构，位居边缘的则是各种弱公共领域或是次级公共领域。在弱公共领域中，经过充分审议的各种主题最终会被推向处于核心的强公共领域，而居于核心的强公共领域必须认真对待那些从位居边缘的弱公共领域中产生并被主题化的各种议题②。

(4) 对沟通理性学说的几点批判及澄清

当然，本书选取沟通理论作为分析工具，并不是说这个理论本身是完美的、毫无争议的，事实上，学术界亦不乏对沟通理论尤其是其核心要素——"理想的言语情境"的批判。如有观点认为，哈贝马斯的沟通理性学说，至少需要在以下几个方面进行进一步的阐述与回应③：一是必要性，即哈贝马斯的"理想言语情境"设定究竟有无必要，换言之，如果放弃理想的言语情境概念，理性共识还能不能得到论证。例如，权威医生与晚期癌症患者之间的沟通，对于晚期癌症患者只能存活两个月之判定，二者很容易达成理性共识。这种理性共识的达成不是通过理想的言语情境下的对话论证，而是决定于医生的专业权威，患者根本没有与医生均等的对话机会。二是可能性。对沟通理论可能性的质疑，主要是指理性共识可不可能在理想的言语情境下达成，或者说是不是任何沟通只要经过理想的言语情境的规范，就一定可以达成共识。在当今多元文化的现实背景下，对于很多棘手的问题，即使商谈对

---

① 谈火生、吴志红：《哈贝马斯的双轨制审议民主理论》，载《中国人民政协理论研究会会刊》2008年第1期。
② 谈火生：《民主审议与政治合法性》，法律出版社2007年版，第229页。
③ 刘志丹：《哈贝马斯理想的言语情境理论：阐释与批判》，载《内蒙古大学学报（哲学社会科学版）》2014年第3期。

话发生在理想的言语情境之下,依然难以达成共识,更不用说理性共识了。例如联合国大会的一般性辩论程序接近于哈贝马斯描述的理想的言语情境,在辩论中各个国家是平等的,都具有均等的发言机会,也具有与任何国家展开辩论的均等机会,但即便在这样一个接近理想化的对话平台中,对世界治理中的很多问题的讨论都没有达成共识,如人权、环境、全球化问题等等。三是清晰性。哈贝马斯对理想的言语情境的描述和论证不够明晰透彻,尚有许多值得追问的地方。如哈贝马斯一直在论证的是,理想的交往行为者在理想的对话情境中如何达成理性共识;但从社会学角度看,也需要关心那些并不理性的人在并不理想的对话情境下如何沟通交往,甚至达成理性共识。再如,在哈贝马斯看来,理想的言语情境是某种生活形式的预示,并且认为在不可知的未来,这种生活形式也许能够成为现实①。但在现实世界中,由于不同地域、不同种族、不同文化的差异,生活形式是丰富多样、难以尽数的,哈贝马斯想用理想的言语情境将多样的生活形式抽象为统一的某种样式,显然在现实中是难以做到的。

　　本书亦赞同前述含有深刻洞见的批判观点,尽管如此,笔者仍然认为哈贝马斯的沟通理论对于多元化背景下当代社会合法性之建构具有强大的解释力和理论借鉴意义。首先,沟通理论揭示了面对当代社会利益多元化和文化多元化的基本事实,试图从单个主体出发去谋求无条件的、绝对统一的普遍价值规范的企图是徒劳的。要在这种差异价值观的基础上去建立"共识",只有诉诸沟通理性之上的"对话"和"商谈"及其有效性条件的假设,即建立能够为言谈各方所理解的理想语言和合理语境,通过主体间的辩论和商谈,形成某种公共性的"共识",并以此加强人与人之间的"团结"与"联合",减少和制止各种形式的暴力对社会公共生活的破坏,从而创造一种愿意对话和倾听、相互辩论和理性说服的共同生活形式②。其次,尽管沟通理

---

① Habermas. On the Pragmatics of Social Interaction: Preliminary Studies in the Theory of Communicative Action. Barbara Fultner (trans). Cambridge: Polity Press, 2001.
② 凌新、喻红军:《论哈贝马斯协商民主理论及其对和谐社会建设的启示》,载《江汉论坛》2010年第4期。

论特别是建立在沟通理论基础之上的"理想的言语情境"与现实生活有着一定的距离，但它为我们思考社会问题提供了一种理想型方式。沟通理论及其"理想的言语情境"的设定并不是毫无根据的空想，恰恰相反，沟通理论透过对理想情境的设定，为我们提供了对于非理性、非公共性对话的评判标准，从而为现实生活中不合理的商谈提供了参照。哈贝马斯本人亦不否认自己的规范理想具有"乌托邦"色彩，并将其称为"交往乌托邦"。但他同时又指出，这种"交往乌托邦"并非绘图桌上炮制出的一个秩序井然的社会的基本规范，而是一种事实上应该存在的状态，其前提是，社会化的个体在交往的日常实践中，运用日常语言达到相互理解的目的。哈贝马斯在回应有关学者关于自己的沟通理论是否存在"太过理想"的问题时认为，自由的对话商谈需要制度化。虽然对话无法保证参与者在所有问题上都能取得一致，但可以通过对话而不是暴力的形式来解决分歧和冲突。理论的意义在于观照现实，而不必与现实重合。也就是说，理论如果只是解释现实而不能给现实提供一个理想性的参照，也就失去了它存在的意义和价值。哈贝马斯预想的"理想的言语情境"下的沟通是否都能形成最终的"共识"也许并不重要，重要的是他在努力寻找一种相对于现有的更为合理的相互理解和交流的方式[①]。再次，沟通理论强调了重构一种建立在沟通理性基础之上的市民社会的重要性。哈贝马斯沟通理论的一大贡献，就在于其将合法性的两种传统解释统摄于国家—市民社会的理论框架之中，将市民社会视为现代国家重获合法性依据的主要基地。现代社会的合法性危机实为一种普遍利益受到压制的规范危机，沟通理论作为合法性危机的解决途径，归根结底就是借助于"市民社会"的建构，消除社会大众的普遍压抑性，为人们提供更加合理的生活环境和生存方式。在晚期资本主义社会，市民社会根植于被"殖民化"的生活世界，已丧失了为晚期资产阶级国家的统治提供合法性依据的功能。用哈贝马斯自己的话说，"在国家调节的资本主义诸系统中形式上民主的统治，

---

① 关英菊：《对话与商谈如何可能？——以哈贝马斯商谈伦理透视多元社会之伦理建构方式》，载《深圳大学学报（人文社会科学版）》2007年第5期。

受合法性要求的支配，它不再可能返回去求助于前资产阶级的合法性形式来兑现"①。对于合法性危机的解决，哈贝马斯指出，"只有当晚期资本主义社会的潜在阶级结构得到改造时，或者当行政系统所受到的合法性压力得到消除时，才能从根本上避免合法性危机"②。可见，市民社会的重新构建对于合法性危机的解决至关重要，不论是基于摆脱政治系统的侵蚀与"殖民化"趋势，还是出于对政治权力的制衡，加强市民社会的结构性重建，并将其整合到政治系统机制之中，促使其成为独立的合法性制约机制都是十分必要的。为此，哈贝马斯将"重建后的公共领域"和"理想的言语情境"有机地结合起来，实现了对市民社会的重新建构，并着力强调了作为其结构性要素及其特征的非政治性的公共领域的重建。尽管哈贝马斯是在资本主义的意识形态和社会背景下对此进行论证的，但其将重构市民社会作为解决现代社会合法性危机的重要路径的见解，实际上与当前我国在政治生活、社会治理等领域中强调重视人民群众的主体性地位的观点不谋而合。

（二）陪审制目的之比较法考察

从目的论视角观察"陪而不审"现象，所谓"陪而不审"实质上就是陪审制度没有按照制度设计者为其预设的制定目的运行。因此，要从根本上消除"陪而不审"现象，首先需要明确陪审制度之制度目的，进而围绕该制度目的完善有关制度构建，由此才有望实现"事半功倍"的改革成效。陪审制作为一项"舶来"制度，有着悠久的发展历史，并且在世界范围内广为传播，是当今世界最有影响力的司法制度之一，故我们对陪审制制度目的的挖掘需要深入了解陪审制的发展历史及其在世界主要国家的发展历程和现状。

1. 英美陪审团制之目的

（1）英国的陪审团制度

英国的陪审制度被公认为是现代陪审制的源头。英国的陪审制度是在古

---

① [德] 哈贝马斯：《作为"意识形态"的技术与科学》，学林出版社1999年版，第59页。
② [德] 哈贝马斯：《合法化危机》，刘北成、曹卫东译，上海人民出版社2000年版，第120页。

代日耳曼法的基础上发展起来的。根据布莱克斯通的《英国法释义》的记载:"陪审团的起源追溯到英格兰土地上的第一批居民——不列颠人。"英国陪审制的早期发展经历了宣誓调查到咨审再到陪审三个阶段①。宣誓调查是源于加洛林王朝时期的一种王室调查方法。据称,加洛林王朝的国王们为了了解地方官员是否恪尽职守以及王室在地方上的权益状况,经常派出钦差大臣们前往王国各地巡查。巡查的一个固定程序是由当地行政官员召集12位当地长者在钦差大臣面前宣誓,保证如实回答钦差们关于地方情况的各种提问。这种调查被称为宣誓调查。宣誓调查制度随着诺曼征服被带入英格兰。1086年英格兰的末日审判财产大清查,即采用了这种宣誓调查方法,由地方官召集邻人宣誓后对本地的财产归属作出确认,这次大清查形成的《末日审判书》成为日后王室征税的基础。咨审是英国陪审制发展的第二个阶段,其将作为行政工具的宣誓调查司法化,使得先前这种国王的特权成为普通民众的一种基本权利。1166年,英国国王亨利二世颁布《克拉伦敦法》,该法规定将定期派出巡回法官对地方上的犯罪和治安案件进行审理。当巡回法官到达某地,就会召集各百户区、自治市选派代表来出席庭审,其中百户区的代表是本地12位守法良民,自治市代表则是市执政官和4名市民代表。代表团有义务向巡回法官汇报自巡回法官上次离开此地到本次开庭,本地发生了什么案件,并要指出可能的疑犯;之后巡回法官会以神明裁判方式对所指控的疑犯作出裁决。在民事审判方面,《克拉伦敦法》首先被扩展适用至土地侵占案件,由郡长召集当地最了解情况的12人组成咨议团,经宣誓后就以下问题作出回答:案涉的争议土地是否为原告当事人所有,被告是否存在不正当侵占土地行为等②。在英国陪审制发展的前两个阶段,作为陪审员的先驱,无论是宣誓调查中的邻人还是咨审中的代表,其更多是作为"信息提供者""知情人"的身份出现,他们向"裁断者"身份的转变发生在第三阶段,即陪审阶段。"裁断"陪审团的出现与两个因素密切相关:一是国王与封建领主

---

① 李红海:《英国陪审制转型的历史考察》,载《法学评论》2015年第4期。
② 李红海:《英国陪审制转型的历史考察》,载《法学评论》2015年第4期。

争夺司法权。在亨利二世之前，司法权几乎完全操纵在地方封建领主手中，"封建领主不但凭借其权势对地方性质的郡法院、百户区法院进行各种影响和操纵，还按封建等级制的生活方式开始建立带有等级化特征或贵族化色彩的小型审判组织，甚至对等级低下的自由民直接采用专断的审判方式"[①]，封建领主掌控下的司法权力的专横与腐败为当时英国国王建立中央集权和统一的司法制度提供了契机。英国国王及其王室法院敏锐地观察到由具有代表性的当地居民组成的陪审团深受民众欢迎，由此，王室开始借助巡回的制度化的陪审团制度逐步蚕食地方领主法院的管辖权。陪审团制度形成的另一重要因素是神明裁判的废除。陪审团制度出现前，刑事案件一般都交由教士主持的神明裁判来解决，1215年的拉特兰宗教会议废止了神明裁判制度，因此引发了实践及理论上的混乱，"杀人的责任不能再舒舒服服地取决于上帝了，而由官方做出的判决又不知道这种责任取决于什么，审判该如何进行"[②]。幸而有宣誓调查等早期制度的熏染，当时的法官已经熟悉了这样的观念：即使是对于有关终极权利的事宜，被告也必须选择服从人的决定，而不是神的裁判。陪审团制度于是逐步填补了神明裁判的空缺。早期，法庭接受受到控告的人提供的邻居们的判断为其否认自己犯罪的证据，随着社会的发展、司法理性化程度的提高，"等到证人出庭制度化后"，陪审团正式摆脱了"证人"的角色定位，开始完全依赖呈堂证供而非自己所知进行裁断。检视现代陪审制度的起源——英国陪审制度可知，现代陪审制度之形成与发展，尽管不是人类理性的自觉创造，而是一个长期的适用、调整、选择的结果，但通过分析陪审制的发展历程，我们仍能捕捉到其背后潜在的制度目的——引入民意强化裁判的正当性。面对封建领主裁判权和神明裁判背后贵族势力与神权势力的联手，王权只有与平民进行联手，通过将民意引入审判，强化裁判的正当性，才能在争夺司法主导权的竞争中占得先机。历史的发展证明，陪审制

[①] 刘锡秋：《陪审制度的历史研究》，法律出版社2011年版，第117页。
[②] [英]密尔松：《普通法的历史基础》，李显冬等译，中国大百科全书出版社1999年版，第467-469页。

的早期实践较好地完成了其预设的目的①,迟至13世纪,陪审团审判已经取代封建领主裁判权和神明裁判成为在英格兰占据支配地位的审判方式。由当地12位陪审员组成的陪审团要宣誓根据自己对案件事实和诉讼当事人的了解来决定案件,这一运用普通人知识和常识做出裁判的方式,有效吸收了民众的不满情绪,使正义得以实现。

(2) 美国的陪审团制度

陪审团制度诞生于英国,而兴盛于美国。当前,世界上使用陪审团审结的案件,80%发生在美国②,陪审团制度已然成为美国司法的一个醒目标志。

英国从17世纪便开始在北美殖民地推行适用陪审制。在大部分北美殖民地,陪审员均由选举产生而非地方行政机构任命,代表了平民的利益而非政府的利益。在美国独立革命前的几十年里,陪审团审判的独立性、公正性成为殖民地人民反抗殖民统治和争取独立的重要武器,如历史上著名的"曾格案"。1734年,北美殖民地的印刷商曾格因为其所办的《纽约周报》发表了一系列批判殖民总督的文章而被捕,并以煽动性诽谤罪受到起诉。面对陪审团的审判,曾格的辩护律师汉密尔顿号召陪审团成员们不仅有权确认案件事实,而且有权确认所适用的法律,特别是当他们对官方指示他们适用的法律持有异议的时候,他们应当运用自己的良知和正义及对法律的理解,对自己同胞的生命、财产和自由作出裁决。陪审团最终抵制住了官方的巨大压力,判决曾格无罪释放,并由此奠定了美国新闻自由传统的基石。煽动性诽谤罪虽然仍保留在法律条文中,但在北美各州殖民地已经形同虚设。在17和18世纪的英格兰,成百上千的人因此获罪,但在作为英国殖民地的美国,大概仅有6起关于此罪的指控,其中2起定罪。大陪审团不愿意提起指控,审判陪审团则无论证据如何,通常都不会定罪③。

在美国人民与英国王室之间关于贸易法和税收的摩擦中,陪审团审判也起到至关重要的作用。《航海法案》由英国议会起草,为英格兰所有殖民地

---

① 魏衍亮:《两大法系与我国法制改革的新格局》,载《人民法院报》2003年3月28日刊。
② 程汉大、李培锋:《英国司法制度史》,清华大学出版社2007年版,第261页。
③ [美] 威廉·L.德威尔:《美国的陪审团》,王凯译,华夏出版社2015年版,第84页。

贸易开辟了道路，这对殖民地人民十分不利。这些不受欢迎的法律在殖民地人民眼中不仅是对繁荣也是对自由的侮辱。不列颠方面根据《航海法案》扣押的船只经常由殖民地人民组成的陪审团所作的裁决释放，以致马萨诸塞州总督这样抱怨，将一个走私者交给陪审团审理，"只不过意味着由其同胞或者至少对其有良好祝愿的人来审判一个违法商人而已"①。1765年，波士顿陪审团拒绝起诉因抗议《印花税法》而策划暴动的领导人；1774年，波士顿陪审团也拒绝起诉波士顿倾茶事件的参与人；等等。由于陪审团制度在北美殖民地时期取得的历史功绩和良好声誉，美国建国后，接受陪审团审判成为立法普遍授予公民的一项重要政治权利。美国《联邦宪法》第三条第二款规定"……一切罪案，除弹劾案外，均应由陪审团审判……"；《联邦宪法》第六条修正案规定"在一切刑事诉讼中，被告有权由犯罪行为发生地的州和地区的公正陪审团予以迅速和公开的审判……"；《联邦宪法》第七条修正案规定"在习惯法的诉讼中，其争执价额超过二十美元，由陪审团审判的权利应受到保护"。美国是典型的三权分立的国家，司法权被视为维护社会正义的最后一道防线，这决定了司法权力必须由国家中理性的精英分子掌握，以防止在整个社会出现集体无意识的时候，司法仍能保持必要的清醒②。但如果缺少了民众的参与，这种精英掌控的司法权又很可能成为美国权力体系中最不民主的分支，陪审团制度的运行适度地减弱了美国司法的这种不民主色彩。美国陪审团制度起到的比增添司法制度民主色彩更为重要的作用是，代表美国社会参与审判的陪审员拥有认定事实乃至当场宣布已有的法律无效而适用陪审团裁判的广泛权力，这使得具有精英化特征的美国司法可以始终保持与社会及主流民意之间通畅的联系，这也是美国陪审团制度能够经久不衰的原因。

2. 欧陆参审制之目的

（1）法国的参审制

作为欧陆大陆法系国家的代表，法国的陪审制度经历了一个主动继受、

---

① [美]威廉·L.德威尔：《美国的陪审团》，王凯译，华夏出版社2015年版，第84页。
② 贺建勇、朱炜：《对美国陪审团制度的考察与评析》，载《江西公安专科学校学报》2010年第2期。

并不断对其进行改良和变革的过程。1789年法国大革命爆发，统治法国多个世纪的绝对君主政体在短时间内土崩瓦解，传统观念逐渐被全新的天赋人权、三权分立等民主思想取代，思想启蒙运动深入人心，民众参与政治、当家做主的热情高涨。这种热情也不可避免地蔓延到司法领域。法国民众对原有的"专断、残酷、践踏人权"的司法系统深感不满，而其邻国英国实行的普通公民参与审判的陪审团制度恰好契合了法国大革命所倡导的人民主权精神，于是，1791年法国制定新的刑事诉讼法典，将英国的陪审团制度引入法国[1]。陪审制在法国的实施历经波折，先后经历了贵族陪审团、民主陪审团、理想化陪审团、附庸陪审团、保守陪审团到最后的参审制多个改革历程。有国内学者截取了1791年至1808年法国陪审制运行的基本情况进行考察，认为法国的陪审制移植已基本失败，并将陪审制移植失败归因为对陪审团功能的误读。"陪审团是一种保障自由的机制，但同时，也是一种至少在一定程度上放纵犯罪的机制……这完全出乎法国人民的意料……在长期实行纠问式诉讼的背景下，法国人已经习惯了定罪率普遍高企的现象，当定罪率突然降到70%，甚至下降到50%，这种反常现象完全超出了法国人的承受心理。"[2]有观点反驳道，还原法国1791年至1808年的历史事实看，陪审团审判之所以在当时未获得良好评价，系因为当时法国国内政治斗争空前激烈，各种政治势力的角逐已延伸至司法领域，政府往往通过控制陪审员的遴选以达到掌控司法、打击政治对手的目的，政治偏见主导着刑事审判[3]。自陪审制在法国确立至今，法国政府虽然多次对陪审制进行了改革，但从未放弃平民参与司法审判的初心，即便1941年以参审制代替陪审制（陪审团），也是坚持以平民参与司法为思想核心，是对陪审制的延伸和改良，故不能说法国的陪审制移植是失败的。本书更赞同反驳一方的观点，世界各国人民的人性是相通的，如果其他实施陪审制国家不存在因放纵犯罪而导致陪审制难以为继的局

---

[1] 胡云红：《陪审制度比较与实证研究》，人民法院出版社2014年版，第126页。
[2] 易延友：《陪审团移植的成败及其启示——以法国为考察核心》，载《比较法研究》2005年第1期。
[3] 施鹏鹏：《陪审制研究》，中国人民大学出版社2008年版，第51页。

面,那么按常理讲,法兰西人民也不应有过分放纵犯罪的"偏好"。更何况,如果陪审员的选任具有充分的代表性,作为理性人,人民本身是对其自身利益的"最佳判断者",当出现因实行陪审制而导致犯罪率升高的情形,作为社会一分子的陪审员自然会收紧对无罪释放认定的使用。经由对法国陪审制度成败得失的反思可知,陪审制创设之意旨在于沟通社会与司法,让司法体现沟通理性,凝聚社会共识,从而达到提升司法权威及司法公信力的效果。而陪审员的选任权力一旦为政府等公权力所掌握、控制,陪审制事实上就已失去作为一个理想的公共领域为司法裁判输送合法性的条件(政府等机构的任命使陪审员群体失去了多元化视角,并且在"商谈"中不能摆脱政府的利益牵绊及外在强制)。随着这一主要职能的丧失,陪审制最终只能沦为一项可有可无的制度摆设。

(2) 德国的参审制

德国的陪审制度源于法国。陪审制在德国的传播分为三个阶段:第一个阶段为法国征服者强制推行法国式陪审制阶段;第二个阶段为德国主动移植法国陪审制阶段;第三个阶段是在德国统一之后的全面实施陪审制阶段[①]。陪审制度在德国的传播,首先是通过拿破仑军队对德意志地区的军事占领实现的。拿破仑对德意志的军事占领虽然很快因其于1814年战争中败给第六次反法同盟而告终,但陪审制仍然在德意志地区留存了下来。德意志地区对陪审制度的主动拥抱则受到了1848年欧洲大革命的推动。在法国二月革命的影响下,奥地利和普鲁士在1848年也相继发生了类似的革命,而革命的核心诉求之一即是建立法国式的陪审制度。1849年,德意志地区几乎所有的州,包括普鲁士和巴伐利亚都采用了陪审制。陪审制作为一种独立的司法制度在德国全国范围内确立则要推延到1871年德意志帝国成立之后。1879年,随着帝国议会于1877年颁行的《刑事诉讼法典》《法院组织法》的生效实施,陪审制最终在德国正式落地[②]。德国采用的陪审制模式最初是陪审团模式,但

---

① 刘锡秋:《陪审制度的历史研究》,法律出版社2011年版,第249页。
② 吴军辉:《陪审团制度在德国的移植和消亡》,载《甘肃政法学院学报》2007年第2期。

其与法国陪审制的命运如出一辙。德国的陪审团制度自19世纪初引入德国后，经过百余年的发展，在1924年魏玛共和国时期被废除而改组为参审制并保留至今。其被废止或改造的原因是，在陪审制被废除前的魏玛共和国，政局和社会均处于剧烈的动荡之中，导致陪审制无法正常运作。其时，"陪审制在德国成为各种政治势力操纵政治的手段，成为政治抗争或政治迫害的工具。在涉及政治审判的刑事诉讼中，陪审团的废止权，非常容易加剧原本存在的政治纷争，或因审判结果而引发进一步的政治纷争"①。二战后，同盟国在德国的各个占领区开启"司法民主化"进程。随着对战争的反思和民主思想的深入人心，德国社会对于陪审制这一公民参与司法途径的必要性和合理性已没有太多的质疑，唯一有疑问的是，陪审制应采取参审制模式还是陪审团模式。当时绝大多数州恢复了魏玛共和国时期的参审制，仅有南部的巴伐利亚州重新采纳了陪审团模式②。直到1950年12月，德国议会颁布了《重建司法统一法》，根据该法案，全德国法院体系内统一采纳了参审制，自此，人民参与司法的参审制模式在德国一直沿用至今，已成为德国司法制度中不可缺少的一部分。由德国陪审制的发展历史可以得出以下结论：1848年革命后，德意志地区之所以主动移植陪审制度，正因为其看中了陪审制沟通社会与司法的功能和作用，尽管彼时缺乏明确系统的理论阐述，但人们已凭直觉或经验认识到，借由陪审制实现民意与司法的沟通，将更有助于实现司法的公平正义。而陪审制之所以在魏玛共和国时期遭到抛弃，其原因也在于陪审制背离了作为社会与司法沟通桥梁的制度初衷。当陪审制成为政治权力的博弈场所，而褪去了其为司法注入公共理性的公共领域本色，陪审制也就彻底失去了其存在的价值和意义。

3. 新兴国家对陪审制的目的定位

20世纪末，日本、韩国、俄罗斯等国陆续开展司法改革，陪审制度均是改革的重点环节。不同于英、美、法、德等国陪审制度经历过较长时间的历

---

① 刘锡秋：《陪审制度的历史研究》，法律出版社2011年版，第271页。
② 黄河：《陪审向参审的嬗变——德国刑事司法制度史的考察》，载《清华法学》2019年第2期。

史演化，这些国家陪审制度建立的时间都比较短，制度经过理性设计的色彩更为浓厚，其对陪审制的目的定位也更加一目了然。

(1) 俄罗斯的陪审制改革

俄罗斯的陪审制度始于沙俄时期。1864 年 11 月 20 日，沙皇亚历山大二世敕令颁布《俄罗斯帝国刑事诉讼条例》，宣布在俄罗斯境内实行陪审团制度。始自沙皇时期的陪审团制度在十月革命苏维埃共和国成立后被废除，苏联重新建立了参审制模式的陪审制度，这一参审制模式的陪审制度一直延续到苏联解体后的俄罗斯司法制度中。

2002 年 7 月 1 日，俄罗斯新的《俄罗斯联邦刑事诉讼法典》正式生效，宣布废除苏联时期施行的人民陪审员制度，开始施行陪审团模式的陪审制度。根据该法典的规定，俄罗斯的陪审法庭由联邦法院法官 1 名（审判长）和 12 名陪审员组成，审理案件的范围主要是被告请求审理的属于法律规定类型的犯罪案件。陪审员在庭审后进入评议室进行秘密评议，以公开投票方式对三个基本问题进行表决：一是是否有证据证明行为的发生；二是是否有证据证明该行为系被控人所实施的；三是被控人是否对该行为的实施存在主观罪过[①]。俄罗斯之所以将参审制模式的陪审制改为陪审团模式，并将之作为新世纪司法改革的重头戏，原因在于在俄罗斯的司法环境中，法官独立性较差，往往听命于行政命令，由此严重影响了案件审理的公正性并进而使民众失去了对司法的信心。俄罗斯希望通过陪审团模式的引入，可以将对案件事实认定的权力交给大众陪审员，以此制约、弱化法官的裁判权，使司法逐步摆脱政府的控制，进而重塑司法的公信力。此外，将陪审制由参审制模式改为陪审团模式，还可以改善长久以来在僵化的司法管理体制下司法给公众造成的冷漠印象，让司法贴近民众，激发民众参与司法的热情[②]。在俄罗斯的有识之士看来，陪审团制度甚至还"有助于转变那种重国家、轻个人，甚至

[①] 刘宇晖：《价值多元化与我国人民陪审团制度的构建——基于英、俄、日陪审制改革的思考》，载《河北法学》2012 年第 9 期。

[②] 刘宇晖：《价值多元化与我国人民陪审团制度的构建——基于英、俄、日陪审制改革的思考》，载《河北法学》2012 年第 9 期。

视个人为国家附庸的观念"①。

(2) 日本的陪审制改革

1999年6月，日本国会通过《司法制度改革审议会设置法》，拉开了第三次司法改革的序幕。日本司法制度改革审议会对当时存在的司法问题进行了描述，认为日本司法制度中存在"司法活动未向国民开放，疏离于公众""律师、法院门槛过高，不近人情""司法活动难以理解，不利于国民利用"等问题，解决这些问题的关键在于，去除司法领域的官僚性特点，使其民主化、公开化、透明化和行业化②。裁判员制度（日本的陪审制度）被认为是这次日本"确立国民基础的司法制度"改革之核心内容，被寄予提升裁判的稳定性和可预见性、在裁判中充分考虑民众感情及提升司法公信力三大目标。长久以来，日本的法官群体严重脱离大众，裁判中缺乏常情常识常理，一直是造成日本司法公信力不强的一大肇因。职业法官脱离社会大众的现象在日本表现得尤为突出。日本法官享有崇高的地位和优厚的待遇，这使得成为一名法官的门槛非常高。日本的法官大多毕业于国内少数几所知名高中和大学，毕业后又进入同一所法律培养机构研习统一的课程，这使得日本法官工作前的背景及履历惊人地相似。而成为法官后，由于每天工作时间很长，强度很大，而且还有每三年要进行异地轮岗的制度规定，这使得他们很少接触法官圈子之外的社会，并且由于工作地时常调整，他们也很难融入当地社会。可以说，日本的法官群体与社会大众的市井生活之间存在着深深的隔阂③。由此，日本的司法改革尤其迫切地贯彻"把人民的良好见识反映到审判之中"的方针。2004年3月，《建立裁判员制度法案》被提交日本国会讨论。同年5月21日，《裁判员参加刑事审判法》由日本国会通过。2009年5月21日，裁判员制度正式在日本施行。

(3) 韩国的陪审制改革

长期以来，韩国司法行政机关活动的不透明导致的官僚主义和威权主义

---

① 陈瑞华：《陪审团制度与俄罗斯的司法改革》，载《中外法学》1999年第5期。
② 胡云红：《陪审制度比较与实证研究》，人民法院出版社2014年版，第150-151页。
③ [美] 英格拉姆·韦伯：《日本新陪审制——在保留大陆法系司法传统的框架内赋权公众》，屈文生、李润译，载《江西社会科学》2011年第8期。

严重影响了司法机关所应有的正当性、公正性,造成了司法机关的信用危机。特别是在刑事案件的调查和审理中,检察官相对于被告人或犯罪嫌疑人所具有的优势地位以及法官对检察官和市民所采取的不同态度致使犯罪嫌疑人和被告人的人权难以得到保障。因此,韩国实务界和理论界一致认为,只有国民直接参与审判活动,与法官一起对案件进行审理,才能保障犯罪嫌疑人和被告人的人权,进而防止司法权的滥用和司法腐败等不良现象[①]。由是,进入20世纪90年代,陪审制度作为韩国司法改革的重要一环被提上日程。2007年6月1日,韩国国会通过《国民参与刑事审判法》,该法于2008年1月1日起正式实施。根据韩国学者的解读,陪审制被引入韩国的首要目的在于"通过普通国民参与审理过程使裁判结果既合情也合法,从而提高司法裁判的公正性和公信力"[②]。

4. 两大法系陪审制目的的共性:强化司法与社会的沟通

借由对陪审制的历史及比较法考察可以看出,不论是在历史中还是当下,陪审制均被视为可以增强民众对司法的信心、提升司法公信力的"制度利器"。而陪审制之所以可以发挥这样的功效,正因为其可以充当沟通司法与社会之间的"孔道",不断为司法裁判注入"民意"。

在历史早期即已实行陪审制度的国家,如英、美、法、德等国,其陪审制度的建立常常被作为告别封建专制的旧司法制度、建立民主理性的新司法制度的标志。彼时的人们已经凭经验或直觉发现,陪审制度作为沟通社会与司法的桥梁,可以为司法注入公共理性。而这种建立在公共理性基础之上的司法,再也无需借助封建王权、神权等传统权威、宗教权威为其合法性背书,由此割裂了司法制度与旧势力之间的瓜葛。而从当代开始进行陪审制度改革的国家,如俄、日、韩等国的实践来看,他们亦不约而同坚持陪审制沟通社会与司法的目标定位。当然,在当今社会,陪审制已不再是新司法制度对抗旧司法制度的武器,而是要通过陪审制中的"商谈"使职业法官群体对

[①] 胡云红:《陪审制度比较与实证研究》,人民法院出版社2014年版,第173页。
[②] 李银模:《韩国国民参与审判制度的内容及其不足——以日韩陪审制度比较为中心》,日本平成二十年7月28日关西大学法学研究所主办第75回特别研究会发言稿。

案件的处理不偏离公共理性,体现社会共识。

此外,通过对这些国家陪审制度的观察,我们还可以看出,一国陪审制度实际运行情况的优劣,与陪审制度在实施过程中是否能够真正实现沟通社会与司法之目的密切相关。在陪审员作为社会之代表参与司法沟通所受外部强制因素较少、沟通能够实质有效进行的情况下,陪审制度的作用通常能得以充分发挥,并成为强化民众对司法认同的有利制度工具;反之,如果陪审员在参与沟通的过程中所受外部强制因素过多、沟通无法实质有效展开,那么陪审制就会因其"空转",而成为人们要求变革甚至废弃的制度"冗余"。通常人们会认为,英美法系的陪审团制度较之大陆法系的参审制运转更为良好,并将其归因为陪审团模式下对陪审员的职能设置更为科学合理,如采用事实审与法律审分离机制,由此可以使陪审员更好地完成陪审工作。但本书认为,两者之间差异的核心原因在于,采用陪审团模式的英美法系国家,通常在政治上有着悠久的自由主义传统,对陪审员参与司法商谈的外部约束较少,因此使得沟通可以实质有效地进行,进而使陪审制的优点得以充分地展现。一个明显的例证是,法、德两国的陪审制度在历史上都曾采用过陪审团模式,但都因当时国内的政治环境而被废弃,并被改造成参审制。这也提醒我国的陪审制度改革,不能只是着眼于对陪审制相关制度技术层面的修补,而要从陪审制的目的定位出发,以如何实现陪审制的目的定位为思考原点,来设计和改造人民陪审制。

(三)陪审制运作机理:参与—论证—共识

根据前文的论述可知,陪审制的制度目的和功能定位在于沟通司法与社会,以提升司法的公信力。而陪审制之所以可以实现提升司法公信力的制度效果,其内在的制度机理正在于其在司法程序中构建了一个近似于"理想的言语情境"的"沟通平台",在这个"沟通平台"上,代表社会的陪审员通过沟通商谈充分参与司法决策,由此保证判决结果体现法意与民意的最大公约数。

1. 参与：陪审员代表社会参与司法过程

（1）社会参与的实体价值：提供认知的多元视角

依据传统观点，社会大众通过陪审制广泛地参与司法，有助于为案件的审理提供多元的认知视角，保证案件处理实体上的公平。

其一，有利于对事实的准确认定。美国学者托马斯·库利曾言，陪审制度之所以必要，在于陪审团的成员系通过随机遴选的方式从社会各个阶层中产生，由此带来的多元化视角使陪审团在判断行为的动机、衡量证据的盖然性方面较之单个法官更有优势，而无论这个个体的法官是多么的英明、睿智①。陪审员多元化的来源所带来的观察视角的拓展，可以有效挖掘出案件中一些不被关注、但对事实认定具有重要意义的案件细节。每位陪审员都带有因自身独特生活经历而形成的经验视角，这使得同一案件在陪审法庭审理时，可以被多角度地加以审视，从而更有利于对案件的全面分析②。如电影《十二怒汉》中，一位平时也戴眼镜的陪审员注意到了其他人都忽略的一点：一位关键证人的鼻子上有压痕，这说明她平时是戴眼镜的，但她在目睹凶杀时却没有戴眼镜，这说明她所称其目睹了犯罪嫌疑人样貌的证言可能是不真实或不准确的；而另一位熟悉刀具的陪审员指出，有经验的弹簧刀使用者不可能如本案凶手那般刺戳，而本案作为嫌疑人的那个少年恰恰是个熟悉刀法的人，由此降低了其行凶的嫌疑。

其二，可以纠正法官的认知偏差。一个理想状态下的裁判者应当不带任何私人感情和预设立场地听取当事人对案件的陈述，并严格依照法律和良知作出判断。但事实上，这样一个完全客观中立的理想裁判者形象在现实中是不存在的。就像伽达默尔所言，人作为认识的主体，对一切事物的理解都是被前见包围的。法官在法庭上所作的每一个判断，事实上都糅合了法官个人的价值观、经验、期望、怀疑、意见和思想等等。每一位法官都是背着这些

---

① 转引自汤维建：《英美陪审团制度的价值论争——简议我国人民陪审员制度改造》，载《人大法律评论（2000 年卷第二辑）》，中国人民大学出版社 2000 年版，第 235 页。

② 汤火箭：《合议制度基本功能评析》，载《河北法学》2005 年第 6 期。

看不见的包袱走进法庭的①。此外，人性固有的弱点，会让掌握专门技能或知识的人变得自负和固执，在其认可的专业观点周围构筑"深深的护城河"，而对其不认可的观点或意见持完全否定的态度，并且不会轻易改变其观点和态度。这种文化心理可以从"文人相轻"这样的成语中得以体现。对于法官而言，由于长期从事审判工作，对案件的审理尤其是对一些常见类型的案件审理会不可避免地形成固定的思维套路甚至"偏见"，这样一种惯性思维的形成会降低其工作的关注度和对案件事实的敏感度，导致他们对一些本应被发现的问题熟视无睹、视而不见。对此，正如著名刑法学家贝卡里亚指出的："根据感情作出判断的无知，较之根据见解作出判断的学识要更可靠一些。"② 陪审员群体多元化的认知视角有助于衡平法官个人前见对案件审理的影响，纠正法官由于长期浸淫于职业环境而形成的习惯心理、麻木不仁以及不由自主地相信控诉方等倾向，还可以减弱因职业圈内各方熟悉的人际关系可能对裁判造成的潜在不良影响。

其三，具有应对复杂问题的优势。案件审理中不可避免会遇到法律之外的其他学科领域的专业问题。尽管法官群体对法律知识的掌握和司法实践能力要显著高于普通陪审员群体，但在社会整体知识的广度和总量上，陪审员群体较之职业法官群体却具有压倒性的优势。"一个集合了高中科学老师、会计或工程师的陪审团会比普通的法官在理解复杂的技术或量化的证据时拥有更大潜力"③。由此，一个来源多元化的陪审员群体较之职业法官更有能力处理包含非法律领域专业问题的案件。

（2）社会广泛参与是陪审制作为司法过程中的公共领域的前提

从沟通理论视角观察，社会大众通过陪审制广泛地参与司法之所以有助于提升司法的公信力，在于社会的广泛参与满足了陪审制作为司法过程中的

---

① ［美］伦道夫·乔纳凯特：《美国陪审团制度》，屈文生、宋瑞峰、陆佳译，法律出版社2013年版，第113页。
② ［意］贝卡里亚：《论犯罪与刑罚》，黄风译，中国大百科全书出版社1993年版，第20页。
③ ［美］伦道夫·乔纳凯特：《美国陪审团制度》，屈文生、宋瑞峰、陆佳译，法律出版社2013年版，第65页。

公共领域的前提条件。哈贝马斯曾言,公共领域的交往结构如同在全社会范围内部署了一个分布广泛的传感器网络,这些传感器可以对全社会范围的问题状况作出反应,激发出有影响的舆论,进而为行政权力的运用指出特定方向①。在沟通理论的学说设想中,由"商谈"而产生民意共识,并不是"单个地被问、单个地回答的个人意见的总和","这属于早期的民主理论",而是通过多元化的组织、网络和联合形式之间的交互作用形成的一种匿名的"公共对话"机制。这种相互交织、互相重叠的审议、辩论和论证的网络和联合才是审议民主模式的核心。换言之,民意共识的产生并非囊括尽可能多的公民的意见表达的民意调查,而是指决策机构"必须对散布广泛的公共话语保持开放,甚至与之相互渗透","保证每一位公民都可能被包括在公共话语之中,每个人都有基本渠道来表达自身的关怀和建议"②。有学者将哈贝马斯的有关思想界定为一种"去中心化"的社会观,"它抛弃了传统上以国家为中心的社会观,提出一种去中心化的社会图景:社会和政治公共领域一起分化出来,成为一个场域,它将感知、识别和解释那些对社会整体产生影响的问题。这是一个去中心化的、无等级排列的社会,在其中有多个权力中心或权威中心,有不同的管道使各种声音都能得到倾听。国家尽管仍然是一个权力中心,但它已不再具有权威性的地位,它只是众多权力中心中的一个"③。这种"去中心化"的社会观对高度分化和多元的现代社会而言具有特别的吸引力。在现代社会中,由于族群、种族、阶级、性别等方面的差异,处于不同社会位置上的社会成员或团体不仅对于他们之间相互冲突的特定利益高度关注,而且对于不同的价值观念、信念体系,甚至不同的有效性类型都高度关注。但基于价值观的分化、所处社会位置的差异,他们对于同一议题的理解常常会走向不同的侧面,故社会共识的形成首先意味着所有相关的视角都应当被纳入,并予以充分的考量。由是,陪审制作为司法过程中社会

---

① [德]哈贝马斯:《在事实与规范之间——关于法律和民主法治国的商谈理论》,童世骏译,生活·读书·新知三联书店2014年版,第372页。
② 谈火生、吴志红:《哈贝马斯的双轨制审议民主理论》,载《中国人民政协理论研究会会刊》2008年第1期。
③ 谈火生:《民主审议与政治合法性》,法律出版社2007年版,第236页。

共识形成的公共领域，也必须具有最大的开放性、代表性，允许社会各阶层人士作为陪审员参与案件审理，由此经过商谈形成的结论才能在最大限度上贴近社会共识。

(3) 陪审员选任资格的"低门槛"保障了社会参与的广泛性

从各国陪审制度的设计来看，"社会的广泛参与"落实到制度层面上，主要表现为陪审员选任资格条件的"低门槛"。对陪审员的资格要求不宜设置过高，否则势必影响到陪审员广泛的代表性，通常只要具备一般人辨别、理解和判断事物能力和水平的人，就应有资格担任陪审员①。从各国陪审制度的规定看，基本上都对陪审员设置了较低的资格门槛。如英国对担任陪审员的资格要求是，年龄在十八周岁至七十周岁、自十三周岁起在联合王国居住至少五年并且在选举名单上登记的普通居民，都可以作为陪审员参加陪审团审理。美国作为一个联邦国家，各个州对陪审员的资格要求略有不同，但大体上看，各个州的资格要求主要集中在国籍、年龄、在当地有无居所、语言交流能力等方面。在年龄方面，50个州中有47个州规定陪审员的年龄条件为年满十八周岁。至于年龄上限，美国联邦法院没有规定，有些州规定为六十五周岁或七十周岁。多数州要求陪审员需为本州居民，至于最低居住年限则大多没有要求。在语言交流方面，大部分州规定只要有正常的英文读写能力即可。《美国律师协会陪审员标准》甚至建议陪审员只要有能力进行交流，而取消了读写英文的要求②。在法国担任陪审员通常被认为需要具备三个基本条件，即年满二十三周岁，能用法语阅读和书写，享有政治权利、民事权利和亲权。德国的《法院组织法》规定，年满二十五周岁的德国公民即有资格担任参审员。当然，除了这些担任陪审员应当具备的资格要求外，各国还普遍规定了不得或不宜担任陪审员的消极条件，这些消极条件主要包括精神状况、职业限制等等。英国1974年颁行的《陪审团法》规定：法官、其他与司法有关的人员、神职人员、精神不健全的人以及被判处长期监禁刑罚

---

① 赵宇红：《陪审团审判在美国和香港的运作》，载《法学家》1998年第6期。
② 最高人民法院政治部：《〈中华人民共和国人民陪审员法〉条文理解与适用》，人民法院出版社2018年版，第66页。

或者即将被判处其他特殊刑罚的人不得担任陪审员。美国各州均规定有重罪前科的人不得担任陪审员。法国《刑事诉讼法》排除了两类公民担任陪审员的资格条件：一是由犯罪等不良因素而导致的不适格；二是由于职务规定不能兼任的情况。德国法律规定，依法被剥夺公职就任权者、受禁治产之宣告者、因精神或身体虚弱而不能胜任者，以及从事法官、警察、神职人员等特殊职业者，不能担任参审员[1]。

2. 论证：法官用法律与法理与社会意见对话

（1）对话的实体价值：实现情理法的融合

按照韦伯的说法，陪审团问题的关键不是处理事实问题和法律问题的分工，而是在理性处理理性问题，非理性处理非理性问题的分工[2]。韦伯认为：在英国法中，"那种认为陪审团决定事实问题，法官决定法律问题的流行观点是完全错误的。法律人尊重陪审制度，尤其是民事陪审制度，正是因为陪审制度是在不创设任何对未来有拘束力的先例的前提下，决定某些具体的法律问题，换言之，是因为陪审团决定法律问题的'非理性'。正是陪审团处理掉了非理性的法律问题，才可能把理性的法律问题留给法官去处理；正是陪审团的决定不会成为先例，法官的决定才可能成为先例"[3]。陪审制之所以被韦伯看作是非理性的，是因为它不给出合乎逻辑的附有理由的判决（此处特指陪审团模式）。易言之，法官判决的说理是建立在陪审团裁定的"不说理"基础上的，这"很容易导致在判决过程中不是由普世性的规范来统一决定，而是受到特定的案例中的各种具体因素（如以伦理、情感或政治为基础的价值评判）的影响"[4]。而具有这种"非理性"特征的陪审制度之所以被认为是现代司法不可或缺的一部分，正因为在现代司法理念中，人们已经认识

---

[1] 最高人民法院政治部：《〈中华人民共和国人民陪审员法〉条文理解与适用》，人民法院出版社2018年版，第67页。

[2] 吴丹红：《中国式陪审制度的省察：以〈关于完善人民陪审员制度的决定〉为研究对象》，载《法商研究》2007年第3期。

[3] 赵晓力：《基层司法的反司法理论？——评苏力〈送法下乡〉》，载《社会学研究》2005年第2期。

[4] 李猛：《韦伯：法律与价值》，上海人民出版社2001年版，第144页。

到对司法正义的追求不能在一个"毫不含糊地确定的法律规则的封闭空间中进行"①。

长期以来,法律形式正义一直是法律界主流的意识形态,这种法律形式正义思维反映在法官习惯于运用三段论逻辑辨法析理、撰写裁判上,反映在法院机关内部对"同案同判"指标的考核管理上,还反映在法律专业的教师、学生、研习者将法律教义学作为法学之正宗的认知上。这种形式正义思维可能存在的问题是,它往往会忽视个案细节的丰富性和独特性,无视"依法裁判"的案件结果与社会朴素价值观之间可能存在的偏差,由此导致裁判的结果无法获得社会广泛的认同。对此可以进一步引申,法律并非如形式正义观所认为的与价值无涉的自主封闭的规则体系,法律在本质上是一个价值判断,其判定的尺度就是公众所凝聚的社会情理。情理在某种程度上可以理解为立法者意志的渊源,是法律发展的原动力。通过情理对法律的注入和法律对情理的吸纳,情理法才能有机统一。也只有通情的法、达理的法,才能为社会所普遍信服和接受,形成法律的信仰②。

陪审制恰恰可以弥补形式正义司法所带来的缺陷。陪审员虽然不具有长于形式正义法律论证的"理性",但是并不缺乏对"社会常理""情理"的认识。美国学者芬克曾将此概括为"常识性正义"。其认为现实中存在着两种类型的"法律":一种是我们所熟知的"书本上的法律"或称"白纸黑字的法律",这是国家立法机关通过立法程序制定的、每一位法官在审理案件中要适用的、每一位法学专业的学生要学习的法律;还有一种法律,可以称之为"常识性正义",它不见于国家的正式立法性文件,而是蕴含在普通人关于公平、正义的直接性观念中。陪审员在裁判中所适用的法律就是前述的第二种法律。陪审员将这样的常识性正义带入裁判中来,可以矫正形式正义司法过度脱离社会常情常理的倾向,拉近司法裁判与公众观念的距离,进而提升司法的权威和公信力。

---

① [德] 哈贝马斯:《在事实与规范之间——关于法律和民主法治国的商谈理论》,童世骏译,生活·读书·新知三联书店2014年版,第569页。

② 刘同峰:《试论情理法的冲突和融合》,载《山西师大学报(社会科学版)》2014年第S5期。

(2) 法律与民意对话是陪审制作为公共领域的本质体现

从沟通理性视角观察，在陪审法庭，法官用法律与法理与社会意见进行对话，是陪审制作为司法过程中的公共领域的本质体现。哈贝马斯的沟通理论是建立在对卢曼的系统理论批判之上的。卢曼的系统理论认为，现代社会的功能分化造就了不同的社会次系统，这些次系统根据各自的功能被塑造起来，比如说政治系统的功能在于作出具有集体约束力的决定，而法律系统的功能在于维持对预期的普遍的、一致的一般化。这些次系统都具有完全的自主性，彼此无法相互替代，并且也无法进行直接的沟通，只能互为环境进行激扰。对法律系统而言，其内部的合法/非法这对二元符码决定那些只有能被识别的沟通才是法律沟通，作为系统构成要素的沟通只能存在于系统内部，因此无论是宗教、道德还是政治，都不能决定法律自身的运作①。基于此，法律系统的运作是自我指涉、自我生产的。在卢曼那里，法律自治不再单单指法条主义、法律职业的独立性或司法上的形式主义，而指法律作为一个社会功能次系统在功能上的特定性和运作上的封闭性。

哈贝马斯对系统理论持一种根本的否定性态度。其一针见血地指出，作为一种社会整合理论，这种系统理论所能达到的并不是社会整合，至多只是系统整合。在现代性社会实现社会整合的路径只能是通过人们共同接受的社会规范来实现。哈贝马斯用于批判系统理论各个子系统之间孤立状态的有力武器即是公共领域概念。根据哈贝马斯的理解，公共领域以市民社会为基础，扎根于生活世界，并作为连接国家公权力与私人领域，以及包括法律系统在内的各个功能分化的社会次系统之间的中介。公共领域具有相对独立于市民社会又植根于市民社会的特征。所谓相对独立于市民社会，是指公共领域可以发挥一种过滤器的作用，在公共领域中，虽然人们借以论证的理由可能并非出于公共利益的考虑，而仅仅是出于自己特殊的偏好和私益，但每个

---

① [德] 哈贝马斯：《在事实与规范之间——关于法律和民主法治国的商谈理论》，童世骏译，生活·读书·新知三联书店 2014 年版，第 59-65 页。

个体特殊的理由必须通过公共视角的检验和筛选，才能在商谈中发挥作用①。而所谓公共领域植根于市民社会，是指公共领域仍然保留着市民社会本身的沟通结构，换言之，在公共领域中进行沟通商谈，并不需要借助功能分化的社会次系统的特殊的系统语言，如政治系统中的政治语言，法律系统中的法言法语，而只需要日常交往的自然语言就可以了。这种日常沟通语言具有普遍可理解的沟通结构。在哈贝马斯看来，社会整合完成的标志，正是让特殊的语言恢复到社会交流的共同语言，让功能系统返回到生活世界的基础之上。公共领域正是通过这样广泛地从市民社会汇聚沟通之流，不断刺激系统内部的神经，对系统形成持续的压力和动力，来保证系统行动正当性源泉的连绵不绝、永不干涸。陪审制作为司法过程中公共领域的定位，本身肩负着打破法律系统的自我封闭，实现与社会沟通对话的重任，这决定了陪审法庭所使用的沟通语言应是日常语言而不是法言法语，沟通的依据应是社会的常情常理而不是法律的演绎推理。

（3）陪审制度对陪审员以日常经验参与对话的重视

为保障陪审员以日常语言、日常经验参与到陪审中来，境外的陪审制度大多有如下规定：一是规定法律专业人士不具有担任陪审员的任职资格。如英国1974年《陪审团法》规定法官、律师、警察、缓刑官及类似群体无资格参与陪审工作；在美国的习惯法中，法官、律师等专业人士不能担任陪审员职务，并且由于选择陪审员的一系列程序（如回避申请、义务豁免权的使用等），专业人士参与案件陪审团的事例微乎其微；法国《刑事诉讼法》规定，法官和警察不得兼任陪审员；日本《裁判员参加刑事审判法》规定，与法律有关的职业几乎都在被禁止担任裁判员之列②。二是对陪审员不会进行专业化的培训及科层化的考核、管理，以使陪审员保持普通公民的原初状态参与陪审。境外陪审制运行中，能与"管理"一词沾边的主要涉及如何选任陪审

---

① 王晓升：《用交往权力制衡社会权力——重评哈贝马斯的商谈民主理论》，载《中山大学学报（社会科学版）》2007年第4期。

② 最高人民法院政治部：《〈中华人民共和国人民陪审员法〉条文理解与适用》，人民法院出版社2018年版，第78-79页。

员、在某一具体案件中如何选取特定的陪审员出庭等一些事务性工作。而关于陪审员的"培训"和"考核",可能是本书掌握的资料有限,尚未发现境外的陪审制度中有对陪审员进行"培训"和"考核"的材料。如美国的陪审制,陪审团成员的选任及具体案件中陪审员的选取主要由美国法院系统行政办公室负责,担任陪审团成员是公民的义务,也是公民的权利,如果公民经随机抽选程序进入陪审团成员候选名单,又因故不能担任陪审员的,要向法庭说明理由,并请求法庭除名。担任陪审团成员可以获得一定的报酬,如在亚利桑那州和俄克拉何马州,参加审理期间超过10天的案件的陪审团成员法定报酬为300美元/日,此报酬的取得无需通过考核,也没有额外的奖励。再以德国的陪审制为例,德国属于参审制国家,陪审员采取任期制,通常任期为5年①,与我国情形较为类似。德国陪审员的"管理",亦仅限于"以行政区域为准编造候选人名册""制作陪审员名册""抽取陪审员"等程序性事务,因为参与普通案件审理的陪审员系凭借其朴素的价值观和日常生活认知对案件作出裁判,所以德国并没有针对陪审员的实质意义上的培训,陪审员亦无公职薪酬,更无须受制于法官内部烦琐的管理体系②。三是为了沟通对话的实质性展开而不是走过场,各国的陪审制度通常出台一些指导措施,降低陪审员以日常语言、日常经验参与审判的难度。如美国有些州会设立社会-法律委员会这样的机构,帮助陪审员了解和提高适用法律能力,倡导在案件审判中避免使用晦涩难懂的"法言法语",而运用更明白易懂的词汇来解释法律。如:在撰写陪审指南以及法庭辩论时,要求律师和法官禁止使用法律专门用语;用熟悉的词汇代替生涩的词汇;直接称呼当事人一方的名字,避免使用"原告"或"被告";避免或尽量少用同音异义词;禁止使用复合句;禁止使用含糊的词组;禁止使用双重否定语句;用具体词汇代替抽象词汇;等等。还有的陪审指南更是详细规定了在案件审理中哪些法律原则、概念和规则是陪审团需要理解的,以及法官因如何就这些原则、概念和

---

① 胡云红:《陪审制度比较与实证研究》,人民法院出版社2014年版,第86页。
② 牛建华、刘峥、雷鸿:《德国"荣誉法官"制度评介及其思考》,载《法律适应》2011年第12期。

规则对陪审团作出释明和指导。

3. 共识：在法律解释与社会正义观之间发现重叠共识

（1）共识之达成：以协商式民主为进路

传统观点认为，陪审制是司法民主的表现形式和实现途径。由此，司法民主理念是证成陪审制的一个重要理论依据和价值渊源。

现代民主路径有着代议式民主和协商式民主的分野。根据代议式民主的观点，民主政治是一种竞争行为，是各种私人利益与偏好之间的竞争。民主的路径就是要将分散的个人利益和偏好聚合起来成为一种集体选择参与到与对立集体的竞争中去。代议式民主语境下的聚合是一种物理式的整合，缺乏沟通协商转化的环节。它认为公民的偏好和私益具有平等的属性，同时又是固定不可变更的，民主的实质就是带有固定不变偏好的不同公民群体在人数多寡、实力强弱上进行平面化的量上的竞争。与之相对，协商民主理论则认为，不同的利益和偏好之间存在质的差别，更不是一成不变的，而是可以转换的。如有的公民的偏好可能仅仅关注于个人的眼前利益或局部利益，如果优先满足这些偏好，可能会损害他的长远利益，并且还会损及社会公益及他人合法利益，那么对这个偏好就需要在民主协商的过程中进行转换或调序，使其服从于或劣后于社会公共利益。协商式民主的实质，就是这样一种偏好转换和整合的过程。

协商式民主被认为是一种更强意义上的民主，是对代议式民主的扬弃和超越①。协商式民主试图超越形式平等的局限，而追求一种事实上的平等。需要注意的是，协商式民主所追求的事实上的平等并不是一种实体上的平等，即每个人的偏好都能得到完全的满足和同等程度的实现，而是一种程序上的平等，即少数人的偏好也有得到表达并使别人能够听到的机会，以及通过审议改变他人偏好从而成为多数的可能。协商式民主的这一特征决定了其在审议过程中会尽可能将所有相关利益主体的利益纳入考虑范围，并尽可能通过沟通、论证、说服等方式寻求各方利益最大共识，而不是将民主程序简

---

① 马德普、黄徐强：《论协商民主对代议民主的超越》，载《政治学研究》2016年第1期。

单理解为少数服从多数的数字计算,更不会成为打着平等旗号的多数人压迫少数人的工具。协商式民主对实质性平等的注重,不仅有利于提高公众的政治参与感,使他们更愿意以论辩的方式进入政治过程中来,而且这种实质性论辩的方式可以使人们真正表达出自己的思想,并且与其他公民深入地交换看法,以达成相互的谅解,从而有利于达成政治共识。由此,协商式民主又被认为是最适宜用于解决复杂的多元文化社会中的冲突问题的民主方式。

纵观陪审制的运作机理,其带有典型的协商式民主色彩。首先,从参与决策的人员构成上看。陪审员被视为社会公众的代表,但这种"代表"的含义显然不同于议会制中那种通过选举程序而被赋予的代表身份。"代表"一词通常可以作三种意义上的理解:一是"信托"意义上的代表,即代表人被某一群体视为利益代言人,其行为目的和宗旨是维护其所代表的那个群体的利益;二是"委派"意义上的代表,即代表人仅仅是接受他人委派,在某个特定场合如实传达委派者的诉求;三是"描述"意义上的代表,即代表人是某个群体中的典型个体,其行为本身就可以抽象地代表这个群体的利益[①]。陪审制中的"代表"更符合第三种意义上的"代表",这也是协商式民主中"代表"的含义。陪审员之所以可以代表社会的不同群体,是因为这个抽象群体中的个体成员来自社会不同阶层、职业、种族、性别、年龄、党派,具有不同的学历、信仰等,对每一个具体的个体成员而言,他的所识、所知、所感、所悟可能是有限的,但当这些人组成一个群体,这个群体就具备了多元化的观察视角和丰富的社会经验阅历,可以将多样化的立场、倾向、价值、观念、知识带入评议过程,夯实决策的信息基础。有观点认为,陪审法庭中最多有两个陪审员参与审判,如果恰好这两个陪审员又是见识浅薄的,怎么可以说陪审员的使用就能够丰富职业法官的观察视角,甚至说其可以代表民意、代表社会呢?这种批判观点正是没有弄清陪审制中"代表"的含义,并且陪审员的使用对案件审理的裨益并不是从单个案件进行机械的衡

---

① 樊传明:《陪审制导向何种司法民主?——观念类型学分析与中国路径》,载《法制与社会发展》2019 年第 5 期。

量,而是要从制度的整体效果上进行评价。正如前文所述,单一个体的所知是有限的,但当其共同构建成一个群体,必然会对整个司法领域产生质变般的影响。其次,从决策模式上看。在穿透视角下,代议式民主本质上仍然是个体决策模式,由于预设了偏好的不可改变,民主的表决过程实质上是对每一个个体观点的物理叠加,虽然打着集体决策的旗号,在压倒多数的意见下,仍然隐藏着无法弥合的分歧。而协商式民主是一种团体决策模式,它将参与进来的每个个体视为不可分的整体,其决策的结果更多是经过团体的"化学反应"后的集体的共识。在理想状态下,"陪审团的评议,是集体评议的典范"①。无论是参审模式的陪审制还是陪审团模式的陪审制,在正常运转下,陪审法庭决策的重点都在于评议,追求通过评议达成共识,而不是将关注的重点聚焦在投票表决。最后,从决策理念上看。选举民主以少数服从多数为原则,对大部分事项的决议只要求简单多数决。陪审团的裁决对意见一致性的要求则高得多,很多国家的陪审法庭裁决的作出要求一致裁决原则,这客观上要求每一位陪审员都要有理有据地阐明自己的观点并相互听取意见,相互对照、反思和修正自己的立场、偏见和意见,共同寻找一个能够为所有人所接受的观点②。陪审制中很多制度设计甚至法庭的环境布置,都围绕为陪审员搭建顺畅的沟通交流平台这一目的进行③。这与协商式民主在承认决策主体多元化和差异化基础上,以沟通商谈程序追求重叠共识决策方案之理念相契合。陪审制带有的协商式民主特征意味着其是一种重视评议过程、以达成共识为目的的商谈程序。

(2)寻求法律与社会之间的重叠共识是陪审制作为公共领域的根本目标

从陪审制作为司法过程中的公共领域定位来看,经由沟通商谈形成重叠共识是其所要追求的根本目标。根据沟通理论学说,话语交流本身具有达致

---

① [美]约翰·加斯蒂尔等:《陪审团与民主(新版)》,余素青、沈洁莹译,法律出版社2016年版,第24页。
② 王堃、张扩振:《陪审团和公民评审团中的协商民主》,载《江西社会科学》2014年第6期。
③ 樊传明:《陪审制导向何种司法民主——观念类型学分析与中国路径》,载《法制与社会发展》2019年第5期。

"共识真理"的潜力,其基本路径为"承诺—认可"。任何一个说话的人在话语交流时实际上都在作出一些承诺,即他的话语内容是真实的,他所表达的感情是真诚的,他的话语中所提出的要求也是合理正当的。如果对方认可了他的承诺,就意味着对方承认这些话语所表达的东西具有"真实性""真诚性"和"正当性"。由于话语交流是一个双向反复的过程,故在交流中,听话的人也会对说话的人会提出"真实性""真诚性"和"正当性"的要求,当两者都对对方的承诺予以认可时,可以说在他们之间就达成了共识。但这种借由商谈"达致共识"潜能之发挥,很大程度上取决于商谈程序的合理性和公正性,为此,哈贝马斯提出了商谈的"理想的言语情境",其内容包括:其一,商谈过程是一种论辩性质的,由参与各方进行信息与理由交换的过程;其二,商谈过程具有公共性、包容性特征,凡是有可能被决策影响到的个人均享有同等机会参与到商谈中来,原则上没有任何人可以被拒绝在外;其三,商谈过程排除外在的一切强制因素,唯一的例外是参与者必须遵循交往的预设和商谈的规则;其四,商谈过程也必须排除妨碍参与者平等参与的内在强制因素,如参与者自认为在智识上与其他参与者存在差距,而怯于发表自己的不同观点等。从世界主要实行陪审制度的国家来看,基本上都是沿着这个思路和方向对陪审制度进行设计和建构的。如:用随机抽选方式产生陪审员,保证了商谈过程的公共性、包容性;法律保障陪审员独立行使职权,不受任何外在强制。在参审制模式下,陪审员和职业法官"同职同权",不受职业法官的领导和指挥;在陪审团模式下,陪审员更是与职业法官分属不同的"审判组织",依法独立行使职责;陪审法庭作出裁判结论的过程并不是一个简单的投票表决过程,表决前必须由相关主体进行充分的讨论评议(陪审团模式下,表现为陪审员之间的讨论评议;参审制模式下,表现为法官与陪审员之间的讨论评议);此外,鼓励陪审员运用朴素的正义观和日常社会经验参与审判,防止职业法官倚仗其专业优势对陪审员造成内在"压迫"。这些制度设计保证了陪审员参与商谈程序上的合理性和公正性,由此确保了适用陪审制审理的案件结论的正当性及可接受性。

(3) 达致共识的保障：一致裁决或绝对多数决规则

陪审制对重叠共识的追求，在其条文规范中突出表现在一致裁决或绝对多数决规则上。在历史上，一致裁决一直是陪审团审判的一个显著特征。一致裁决规则作为普通法陪审团审判的普遍规则，最早确立于1367年英格兰的一个判例。一致裁决规则的存在，使得陪审员们作决定时，并不是将其理解为简单的投票表决，而是一个对话沟通的过程，因为对于所有的分歧，都必须通过对话、说服消除才能达成统一①。从二十世纪六七十年代开始，陪审团对裁决一致性的要求有所放松，但仍坚持了绝对多数决规则。如1967年英国《刑事审判法》认可了陪审员投票为10∶2的多数裁决的有效性。英国在1974年颁布的《陪审团法》中规定，刑事法院或高等法院对于以下情况可以采取多数裁决：陪审团人数不少于11人时，有10人同意该裁决，或者10人陪审团情况下，有9人同意该裁决，如果最终没有形成法定比例的多数人意见，即陪审团形成了"僵局"，陪审团将被解散，由控诉方决定是否重新审理②。在美国，一致裁决规则是由联邦法院通过一系列案例确立的。1898年汤普森诉犹他州案确立了以下规则：被告人享有的宪法上的自由权利不得被剥夺，除非经12人组成的陪审团的一致裁决。1948年安德雷斯诉美利坚合众国判决再次重申，当适用《联邦宪法》第六、第七条修正案进行陪审团审判时，陪审团内部必须意见一致方可作出裁决。一致裁决规则还作为成文法规范被列入美国1946年颁布的《联邦刑事诉讼规则》，其规定陪审团的裁决必须是一致作出的，并在公开的法庭上递交给法官③。1972年，美国联邦最高法院通过其作出的两个判例降低了对陪审团一致裁决的要求，允许各州法院陪审团给出10∶2或者9∶3的多数裁决。

在实行参审制的大陆法系国家，虽然在参审制审判中没有采纳一致裁决规则，但为了保证评议的充分性及对裁判结论体现共识的追求，仍多采用绝

---

① 樊传明：《陪审制导向何种司法民主？——观念类型学分析与中国路径》，载《法制与社会发展》2019年第5期。

② [美]肖恩·多兰：《陪审团审判》，载[英]麦高伟、[英]威尔逊主编：《英国刑事司法程序》，刘立霞等译，法律出版社2003年版，第362页。

③ 高一飞：《陪审团一致裁决原则的功能》，载《财经法学》2018年第6期。

对多数决规则。如在法国的重罪法庭，任何不利于被告人的决定，必须至少有 8 票多数通过（第一审合议庭由 3 名职业法官和 9 名陪审员组成）。如果认定被告人有罪，则需要进一步就法律适用问题进行评议，然后以秘密方式进行投票。对刑罚的决定，以投票人的绝对多数票（7 票）通过，但对处最高自由刑必须至少 8 票通过。如果未能以 8 票通过，可处刑罚为无期徒刑的不得宣告超过 30 年徒刑；可处刑罚为 30 年徒刑的不得宣告超过 20 年徒刑。如果两轮投票后任何刑罚均未获得多数赞成票支持，在此情况下可以进行第三轮投票。在第三轮以及以后的投票中，前一轮提议科处的最高刑罚予以排除。第三轮投票如果仍未能达到绝对多数赞成票，可进行第四轮投票，直至对刑罚作出判决。法国重罪案件上诉审的陪审团成员比一审多 3 名，即合议庭由 12 名陪审员和 3 名职业法官组成。对重罪上诉法庭的评议，如果作出不利于被告人的判决，在法庭 15 名成员中，至少应有 10 票多数通过才有效。关于刑罚的决定，亦是如此[1]。德国《刑事诉讼法典》则规定，任何一项在法律责任承担方面及法律对行为的处分方面对被告人不利的裁判，必须有 2/3 的多数票同意[2]。

---

[1] 何家弘：《中国的陪审制度向何处去——以世界陪审制度的历史发展为背景》，中国政法大学出版社 2006 年版，第 173-174 页。

[2] 胡云红：《陪审制度比较与实证研究》，人民法院出版社 2014 年版，第 110 页。

三、人民陪审制失灵原因之分析

（一）人民陪审制失灵的表象

如前文所述，新一轮人民陪审制改革启动的直接原因是人民陪审制实践效果与理想目标相去甚远，陪审员难以实质性参与审判等。现实实践中，这种人民陪审制失灵的现象广泛而普遍地存在着，具体表现在以下几个方面。

1. 代表性不足

作为一项民众参与司法的制度，陪审员的选任本应体现出广泛的代表性，即吸收不同年龄、性别、民族、行业、职业的社会成员充当陪审员，充分照顾不同利益群体在陪审员队伍中的比例结构[①]。但现实情况与这一理想的预设相距甚远。根据学者郭玉元对江西省赣州市19个基层法院的实证调研（2015年），从学历分布来看，19个基层法院中有大专以上学历的陪审员占65%，高中以下学历的占35%，陪审员中拥有大专以上学历的人员占比远远高于该学历在总人口中的比例。事实上，从全国情况看，这一陪审员"高学历化"现象更为突出。《最高人民法院关于人民陪审员决定执行和人民陪审员工作情况的报告》中的数据显示，全国人民陪审员队伍中，高中以下学历的只占16%，而具有大专以上学历的陪审员占到陪审员总人数的84%。从年龄结构上看，19个基层人民法院的陪审员中，61周岁以上的占6%，51周岁至60周岁的占27%，41周岁至50周岁的占32%，31周岁至40周岁的占

[①] 《最高人民法院关于进一步加强和推进人民陪审工作的若干意见》（法发〔2010〕24号）第7条。

26%，30 周岁以下的占 9%。对照 2004 年《决定》中担任人民陪审员应当年满 23 周岁之规定，30 周岁以下人民陪审员相比其他年龄组人数明显偏少。从职业分布来看，19 个基层法院 406 名陪审员中，职业为公务员的有 111 人，担任村干部的有 156 人，从事教师行业的 59 人，已退休人员 25 人，此外还有其他职业人员合计 55 人，公职人员、村干部及教师群体是人民陪审员的主要来源，陪审员构成具有浓厚的"精英化"色彩①。

学者刘方勇、廖永安对中部某县级市的实证调研数据亦印证了前述人民陪审员代表性不足的结论。根据他们的调研数据，陪审员受教育层次较之社会中位数明显偏高，学历层次为大学专科以上的陪审员占到了样本总人数的 73%②。从职业分布看，占总人数 71% 的陪审员系党政机关公务员、乡村干部。在该市的陪审员中，党政机关、基层干部等所谓的精英群体占据着绝对的优势地位。

2. 陪而不审

"陪而不审"现象作为我国人民陪审制实际运行中的一项"顽疾"，极大影响了人民陪审制作用和功能的发挥，消解了陪审制作为"民众参与司法"制度的根本内涵，一直广为理论界和实务界所诟病。

现实实践中，"陪而不审"现象通常有以下几种表现：一是人民陪审员极少进行庭前阅卷。我国的司法带有一定的职权主义特征，在案件审理中，大多数职业法官尤其是案件的承办法官会在庭审前熟悉卷宗，以便庭审中可以准确把握双方的争议点，提高审判效率，而人民陪审员提前阅卷的情况极为少见。根据学者的问卷调查，大部分陪审员只是偶尔可以做到庭前阅卷，只有占比 7.9% 的陪审员自认为在其参审的所有案件中都做到庭前阅卷；还有相当部分的陪审员从不庭前阅卷。在同一调研中，有 63.4% 的法官认为陪审员从来没有或者很少阅卷。二是人民陪审员难得在庭审中发问。陪审员在开

---

① 郭玉元：《人民陪审员选任和退出机制的完善——基于江西省赣州市 19 个基层法院陪审工作的思考》，载《人民司法》2015 年第 15 期。

② 刘方勇、廖永安：《我国人民陪审员制度运行实证研究——以中部某县级市为分析样本》，载《法学家》2016 年第 4 期。

庭或合议时发言少是一种普遍现象。调研中，法官群体认为陪审员在其参加的庭审中从未发问过的占3.8%，很少发问的占60.4%；而接受过陪审法庭审判的当事人中，认为陪审员没有发问的占46.8%，很少发问的占14.5%。三是人民陪审员合议时难以发表独立性的评议意见。在合议时发表独立的评议意见是陪审员的重要职责。但实践中，多数人民陪审员只是附和职业法官的意见，而甚少发表自己的独立意见，更不用说坚持自己独立发表的意见。调研数据显示，在接受问卷调查的陪审员中，有71.8%的陪审员认为其每次都参加合议，有5.1%的陪审员一次都没有参加过案件合议，另有23.1%的陪审员有时参加合议、有时在笔录上补签字。受访的法官中有98.1%认为陪审员赞同法官的评议意见多一些，其中32.7%的法官认为几乎都赞同。陪审员对此的认知几乎相同①。

3. 陪审员半职业化

"陪而不审"现象的另一面，即是所谓的"职业陪审"现象。学者郭玉元的调研数据显示，人民陪审员连任现象非常突出。在19个基层法院406名人民陪审员中，有144人系连任，占到总人数的35.5%。较为典型的一个法院30名人民陪审员中有多达29人连任两届，另外一个法院18名人民陪审员中有5人连任三届，13人连任两届。无独有偶，根据刘方勇、廖永安的调研数据，在60名被调查的陪审员中，审理案件数量最多的一名陪审员一年审理的案件多达248件，一个人审理的案件数就占到了地区总陪审案件数的24.6%，年度审理案件数排名前四名的陪审员包揽了该地区总陪审案件数量的七成②。"职业陪审"现象不仅有违陪审制"让民众参与审判"的初衷，剥夺了其他陪审员参加审判的权利，而且这些"陪审专业户"因为长期参与案件审理工作，其观察视角、道德情操、思维方式已经与职业法官群体趋同，变得"守经有余，权变不足，法治观念太强，司法性格太重"，从而失去了

---

① 刘方勇：《人民陪审员角色冲突与调适》，载《法律科学（西北政法大学学报）》2016年第2期。

② 刘方勇、廖永安：《我国人民陪审员制度运行实证研究——以中部某县级市为分析样本》，载《法学家》2016年第4期。

一个法律"局外人"对职业法官在观察视角和价值观念上的互补优势①。

4. 陪审员积极性不高

从人民陪审员角度看,人民陪审员对参审工作不积极既是人民陪审制失灵的重要原因之一,也是人民陪审制失灵的具体体现。郭玉元在调研中发现,尽管2004年《决定》规定,陪审员的选任方式包括个人申请和组织推荐两种途径,但实践中,公民主动申请担任人民陪审员的情形极为少见。在郭玉元调研的19个基层法院中,只有8个法院有公民主动申请担任人民陪审员的情况,且人数合计也仅有12人②。大多数陪审员对陪审工作热情不足与少数陪审员成为"陪审专业户"其实是同一问题的两面。刘方勇、廖永安的调研数据显示,与参审案件数量排名前四的陪审员包办了该地区七成以上的陪审案件形成鲜明对比的是,还有35名陪审员在整个调研年度中没有参加过陪审工作③。陪审员对陪审工作积极性不高,固然有客观因素的干扰,如陪审工作与本职工作存在时间上的冲突等等,但更重要的还是陪审员群体对陪审制的功能和价值认识不足,进而缺乏履职的荣誉感和责任感。

5. 陪审制与社会的疏离

人民陪审制在实践中的失灵加剧了社会大众与陪审制度的疏离。这种疏离主要表现在公众对陪审制认知程度不高。根据刘方勇、廖永安的调研数据,在调研地区有高达52.7%的受访群众从未听说过人民陪审制。而公众对人民陪审制的认知程度不高,叠加人民陪审员在案件审理中无所作为给公众造成的负面印象等因素,使得实践中当事人主动申请适用陪审程序的案件数量微乎其微,调研中多达83.3%的当事人表示未申请陪审法庭审判而是由法院单方决定④。社会公众对陪审制不甚了解、漠不关心的态度与官方对推进

---

① 刘峥:《我国人民陪审员制度改革的再思考》,载《法律适用》2015年第12期。
② 郭玉元:《人民陪审员选任和退出机制的完善——基于江西省赣州市19个基层法院陪审工作的思考》,载《人民司法》2015年第15期。
③ 刘方勇、廖永安:《我国人民陪审员制度运行实证研究——以中部某县级市为分析样本》,载《法学家》2016年第4期。
④ 刘方勇、廖永安:《我国人民陪审员制度运行实证研究——以中部某县级市为分析样本》,载《法学家》2016年第4期。

陪审制改革的声势和举措形成了鲜明的对比，无怪乎有学者发出这样的叹息：人民陪审制更多只是起着一种政治象征作用，"是一种政治策略"①。

（二）深层次原因：人民陪审制目的不明

1. 社会变迁致陪审制目的迷失

以陪审制作为司法过程中公共领域之制度目的和功能定位来重新检视当前人民陪审制在实际运行中的"失灵"现象，可以看出，这种"失灵"现象很大程度上源于人们对人民陪审制之目标定位的"无知"乃至"误读"，由此导致陪审制无法发挥出应有的功能和作用，进而成为可有可无的"制度摆设"。

（1）新民主主义革命及新中国成立初期的陪审制目的

我国的人民陪审制尽管借鉴和移植于西方陪审制，但自其诞生之日起，就被按照中国的国情进行了改造和重塑，被赋予与西方陪审制度完全不同的制度目的和功能定位。对陪审制制度目的及功能定位的重塑在新民主主义革命及新中国成立初期尤为明显，彼时，人民陪审制更多被作为一种政治制度服务于当时的革命斗争和革命建设。

一是体现人民民主。人民陪审制在我国的起源可以追溯到新民主主义革命时期，其制度基因上带有鲜明的革命化特征，深受苏联人民陪审制度的影响。在苏联，人民陪审制被认为是体现工人阶级主人翁地位、贯彻司法民主的制度载体，这一点也被我国的人民陪审制吸收。在新民主主义革命乃至新中国成立初期，人民陪审制一直承担着区别于国民党反动派腐朽的旧司法体制，体现革命政权的民主性、先进性，凸显人民当家作主地位的重要革命政治功能②。在当时的意识形态里，国民党旧法院以刑讯逼供、主观臆断、徇私枉法为特征，其高高在上的"坐堂问案"办案方式、不加调查研究的衙门作风都是要进行批判的对象。要与这种旧社会的旧法院相区别，人民司法机关就要采取实事求是、贴近群众、服务群众的审判方法和工作作风，而人民

---

① 张卫平：《陪审制的意义》，载张卫平：《琐话司法》，清华大学出版社2005年版，第121页。
② 丁浩：《当代中国立法中的国家主义立场》，载《华东政法大学学报》2018年第5期。

陪审制恰恰就具备这样一种依靠人民、联系人民、便利人民的民主便民形式外观。1942年陕甘宁边区高等法院在有关本院整风运动的总结中曾这样评价人民陪审制:"要让人民满意的关键就是用好群众路线这个法宝,在工作中相信群众、依靠群众,使司法机关成为群众自己的机关,司法工作成为群众自己的工作。要贴近群众,同群众打成一片,尊重群众的良好习惯,倾听群众的意见,公正负责地为群众解决问题,不拘形式地组织群众的审判,以达到减少群众诉讼之目的。"①马锡五②认为:"实行人民陪审制度,不仅使群众可以真正成为国家的管理者,提高人民群众的政治责任感和主人翁意识,而且在群众的参与监督下,有助于提高审判工作质量,切实防止误判错判。"1949年新中国成立后,这种群众路线的司法观被进一步凝练为"人民司法"思想,成为新中国司法的"奠基石"。1949年颁布的《中国人民政治协商会议共同纲领》中规定:"废除国民党反动政府一切压迫人民的法律、法令和司法制度,制定保护人民的法律、法令,建立人民司法制度。"1953年4月,在第二届全国司法会议上,董必武阐述了"人民司法"思想的本质:"我们多年来的经验告诉我们,坚持人民司法是巩固人民民主专政的有效武器。作为一名人民司法工作者,必须站稳人民立场,善于运用人民司法这个武器,用最便利人民的方法解决人民所要求解决的问题。"由是,作为"人民司法"重要载体的人民陪审制在新中国司法中的地位愈加巩固,并作为一项基本的司法制度在1954年宪法中得以确认。

二是确保司法干部队伍政治纯洁性。在新中国成立初期,人民陪审制还承担着确保司法干部队伍政治纯洁性的重要职能。新中国成立之初,百废待兴,由于新政权中政法人才的缺乏以及出于安抚民心、稳定社会的考虑,新政权对旧司法机构中的司法人员主要采取了改造留用的做法。据统计,新中国成立之初法院系统中有6 000多名旧司法人员,占到法院系统人员总数的

---

① 王杰、赵新宇:《延安时期的党群关系》,载《光明日报》2014年5月7日第14版。
② 马锡五:《新民主主义革命阶段中陕甘宁边区的人民司法工作》,载《政法研究》1995年第1期。

22%①。在一些大城市，如上海，旧司法人员在新法院机关中的比例甚至达到了80%。不少旧司法人员在法院中实际占据了重要的甚至领导的地位。对这批旧司法人员，新中国成立后先是对其采取了改造教育的手段。1950年1月成立的中国新法学研究院，其重要任务之一就是改造从国民党旧法院接受过来的旧司法机关工作人员、律师以及高等院校的法科教师。董必武对此曾指出："不管是过去的司法工作人员、律师还是法学教授，他们的工作学习、一言一行，都深受旧社会国家制度和旧式法律的影响，他们的那一套工作方法和思想方法，他们的立场、观点、经验、习惯只适应旧社会的生活。但现在新中国已经成立了，国家的面貌已经发生了翻天覆地的变化，国家的性质改变了，社会生活的方方面面改变了，当然法律也改变了，他们再用老一套工作方法和思考方式工作、生活、学习，怎么能适应这个新社会呢？所以，如果他们想继续从事与法律有关的工作，就必须适应新中国的形势，自觉、主动地接受改造。"1949年至1952年，全国训练司法干部一万两千多人次，其中，旧司法人员占到了三分之一以上，但是从训练的实际效果来看，与预期的要求还相差甚远。在1952年6月召开的全国政法干部训练会议上，董必武指出："经过两年多的改造实践证明，固然有一部分旧的司法人员通过改造取得了明显进步，但人数不多，只占到旧司法人员总数的20%左右。还有相当部分的旧司法人员仍然遵循守旧、顽固不化，这些人在司法机关中工作，不仅没有对新中国的司法工作起到什么积极作用，反而起到了一定的消极破坏作用。这尤其反映在镇压反革命运动和'三反'运动中。上海、苏南、浙江、福建四个地区法院共有旧司法人员1 259人，其中反动党团、特务骨干分子就占到了830人，旧司法人员贪污腐败的占到了50%以上。此外，这批旧司法人员仍然有着严重的旧法思想和旧司法作风，只会'坐堂办案'，写一些冗长迂腐的'判决'，脱离革命、脱离群众，对党与政府的政策不热心学习、一知半解，对人民利益漠不关心，反而到处散播一些反动的旧

---

① 李拥军：《"政治之重"与"司法之轻"：我国当下人民陪审制度的社会价值与存在基础》，载《社会科学辑刊》2012年第5期。

法观点，严重误导了周边的干部和群众，也严重腐蚀了法院的事业，这个问题必须得到彻底的解决。"①

由此，对旧司法的改造进入了从组织上整顿和改组司法机关的"新阶段"。旧司法改造的纲领性文件《关于彻底改造和整顿各级人民法院的报告》于1952年8月13日在政务院第148次政务会议上批准通过。经过九个多月的广泛动员、全面展开、展示进行，至1953年底，改造运动取得了"巨大成就"，基本落下帷幕。全国两千个左右的法院中，清除掉的组织上不纯的旧司法人员占到了法院人员总数的四分之一。"经过这场司法改革运动，这批人基本上都被清除出了审判人员队伍"②。这些旧司法人员中，境遇好一些的被派到中小学校充当教员或被派到医院从事事务性工作如X光挂号登记工作，境遇差一点的则被派到火葬场去做杂务，甚至被直接解聘赋闲在家③。

面对旧司法人员被清除而形成的人力资源缺口，亟待开辟新的司法干部来源作为司法人员补充的渠道。人民陪审员被认为是填补这一缺口的合适选择。对此，董必武曾指出，"只要我们面向群众，依靠群众，那么我们不仅不会感觉到司法干部来源的枯竭，相反倒会使我们获得丰富的干部源泉，并更加纯化我们的司法机关。受过革命教育熏陶、经过苦大仇深压迫生活的人民大众，较之国民党时期遗留下来的旧司法人员，政治和意识形态上更加可靠。他们阶级立场鲜明，知道对敌人绝不能心存姑息，要像秋风扫落叶一样冷酷无情；而对待人民、对待同志，则要以处理人民内部矛盾的方式对待，要让他们感到春天般的温暖"④。此外，由于当时案件较为简单，法官的专业素质有限，"职业"和"非职业"的差别不大，陪审员也完全可以承担起查明事实和适用法律的任务⑤。

---

① 董必武：《董必武法学文集》，法律出版社2001年版，第120-121页。
② 董节英：《1952：新中国法学教育的整顿与重构》，载《中共中央党校学报》2007年第2期。
③ 陆锦碧、铁犁：《建国初期司法改革的得失》，载郭道晖、李步云、郝铁川主编：《中国当代法学争鸣实录》，湖南人民出版社1998年版，第19页。
④ 胡凌：《人民陪审员制度的多面向解释》，载苏力主编：《法律和社会科学（第二卷）》，法律出版社2007年版，第103-127页。
⑤ 何进平：《司法潜规则：人民陪审员制度司法功能的运行障碍》，载《法学》2013年第9期。

三是监督司法、贯彻落实党的革命政策。除上述职能外,在新民主主义革命及新中国成立初期,人民陪审制度还被寄望承担监督司法,贯彻党的革命政策等政治功能。列宁曾指出,市井民众参与案件的审理,可以给官僚主义、衙门作风的政府机关带来一股生气。市井民众不仅关心某种行为应当如何定性,该接受哪一种惩罚,更关心彻底揭示、公开罪行的社会政治原因及其意义,从审判当中得到社会道德和实际政策的教育。市井民众对司法公开有着最迫切的渴望,他们可以揭露现行制度的脓疮,提供批判这个制度也是改造这个制度的材料。特别是当审判对象本身是当权者时,如果没有市井民众的参与,审判将彻底沦为一场"官吏审官吏"的闹剧①。这一思想在我国亦广受推崇,人民陪审制被认为是一种有效的群众监督方式,可以防止法官贪污腐败、腐化堕落。

而在作为贯彻党的革命政策的工具方面,我党一向热衷且长于通过发动群众运动来达到"改造社会"的政治理想与治理目标。"在以党的政治动员和组织能力为必要前提的大规模群众政治运动中,'广大人民群众的共同意愿'在政党意志的裹挟之下完成了一种集体无意识的'人民意志建构',在这个过程中,党以其强烈的信念之焰锻造了人民的政治存在以及人民之于近现代中国的历史形态"。如公审制度就是这样一种"群众运动式参与"的典型表现形式。该审判早在土地革命时期就使用过,对于推动行动和教育群众都曾收到良好效果。所以,解放后,在土地改革、镇压反革命运动等活动及在处理有教育意义的典型案例时,各地仍广泛采用这一形式。在以公审制度为载体的群众运动式司法中,群众被广泛动员起来参与到司法过程中,其目的不仅是为发起者提供乡规民约等有助于案件解决的"地方性"知识,而且可以为发起者提供民意的"背书",因为这里发生的一切都是在民众面前开展的,获得了民意的首肯和认同②。人民陪审制在某种程度上可以说是这种群众运动式司法的缩略版本。如1947年9月在中国共产党全国土地会议上通

---

① 列宁:《列宁全集(第4卷)》,人民出版社1984年版,第360页。
② 陈洪杰:《从群众参与到公民参与:司法公共性的未来》,载《法制与社会发展》2014年第1期。

过的《中国土地法大纲》规定,"对一切抗拒或破坏土改革命的犯罪,由人民法院组织审判及处分,审判法庭由农民大会或农民代表会所选举及政府所委派的人员组成"。这类由"农民大会或农民代表会所选举"的人员组成的陪审法庭事实上承担着贯彻国家土地革命政策的重任。

(2) 社会变迁与人民陪审制目标的失落

人民陪审制在新民主主义革命及新中国成立初期所具有的浓厚的政治色彩,与当时革命政治的总体氛围有着紧密的联系。新中国成立是中国共产党组织武装革命夺取政权的结果。革命不仅是夺取国家政权的手段,也是巩固新生政权的方式,用革命暴力取得的革命果实,也要时刻提防阶级敌人以暴力的手段重新夺去[1]。因此,新中国成立初期并非革命的终结,只是革命"战场"的转化。新中国成立后各项工作仍然带有鲜明的革命化、战时化特征。如果说政府在正常状态下对国家的管理、治理可以被称为日常治理政治,那么新中国成立初期这种带有革命化、战时化特征的管理、治理就可以说是一种革命政治。革命政治具有雷厉风行、疾风暴雨的性格品质,这与日常治理政治讲求按部就班、循规蹈矩的治理风格和工作方式大相径庭。革命政治更强调对革命的热情和忠诚,面对严峻的形势,更热衷使用运动、镇压、斗争等极端治理手段来解决问题,这亦与日常治理政治依赖形式化的官僚体制、技术性官僚队伍以及专业化、技术化的治理手段形成鲜明对比。

革命政治的总体氛围决定了当时司法模式的革命化:在性质上,司法被看作革命斗争的武器,司法权必须掌握在党和人民手中;在运作方式上,因为革命政治必须划分敌我,对敌人进行严酷的打击甚至消灭,因此司法也不按照法律进行判决,而是根据敌友作出不同的司法判决,判决的依据则主要是党的政策方针;在程序上,司法不按照规范程序进行审判,并且认为原有程序烦琐,阻碍革命,因此抛弃规范约束。人民陪审制所具有的

---

[1] 瞿郑龙:《我国司法模式的历史变迁与当代重构:政治视野的考察》,载《法学评论》2016年版第4期。

一些特征契合了这种革命化司法的需要和要求，导致其在当时的司法中被大量运用。并且，人民陪审制在当时革命化司法的氛围下还被进一步形塑以适应革命形势，由此成为保卫政权、贯彻党的方针政策的一项"有力"的政治工具。

历经"文化大革命"十年浩劫，党的十一届三中全会明确提出国家的中心任务由革命转向建设，由此终结了革命政治的统治，国家治理开始转向日常的治理政治。治理政治相信理性技术和专业知识，并依赖其建立一套运行体制进行社会治理。改革开放后，干部队伍的专业化、知识化成为干部培养的重要内容，具有专门技术知识的干部数量明显增加；科层制的行政机关及行政官僚在我国政治权力结构中的权重日渐增长；政治事务相应转化为行政事务，这些都是革命政治向治理政治转型的典型特征。随着革命政治的结束、治理政治的确立，我国司法模式也随之发生改变。"文革"结束之初，我国便开始纠正冤假错案，这实则是对革命司法模式的否定和清算，并为新时期的司法模式树立了典范。改革开放后，我国逐步确立了依法审判、文明审判的原则；法院受理的反革命案件数量逐步减少，相应的普通民商事案件日趋增加；司法不再直接介入政治，成为分化于政治系统的一个子系统，其作用领域主要局限于社会治理领域，形成治理化司法。尽管治理化司法模式在本质上依然是为政治服务，但它在治理方法上坚持中立、平等的原则，严格以法律为依据处理社会矛盾纠纷，治理效率也大幅提升，由此获得了社会大众的认同，并成为国家进行社会治理的主要手段①。随着治理化司法模式的确立和成熟，昔日人民陪审制所具有的政治功能因失去了赖以生存的土壤而日趋为人所淡忘。

(3) 审判方式改革与人民陪审制边缘化

随着20世纪80年代法院系统启动民事审判方式改革，人民陪审制更是步入了"低谷"，被彻底地边缘化。

---

① 瞿郑龙：《我国司法模式的历史变迁与当代重构：政治视野的考察》，载《法学评论》2016年版第4期。

民事审判方式改革的对象是传统的审判方式。民事审判方式改革之所以在20世纪80年代率先启动，是基于两方面考虑：一方面是政治需求，另一方面则是民事审判的实际需要。在政治需求方面，改革在当时是社会的一种大趋势，各个领域都概莫能外。在司法领域，本着由易到难的原则，审判方式的改革因最具可行性和"观赏性"，尤其是民事审判方式改革，不仅不像刑事审判那样敏感，而且还有相当大的改革空间，因此成为法院改革率先进入的领域。在民事审判的现实需要方面，过去传统的审判方式强调的是"客观真实"，强调法院依职权对案件事实进行全面调查，在彻底查清案件事实的基础上作出裁判；但在改革开放后法院受理案件数量井喷的情况下，这种传统审判方式越来越难以为继，迫切需要建立包括举证责任制度在内的新的审判方式，以缓解法院"案多人少"的巨大压力。

民事审判方式改革的内容，主要包括以下几个方面[①]：一是强调当事人的举证责任。明确规定由当事人对案件事实承担主要的举证证明责任，一改过往普遍由法院依职权收集所有证据的做法。负有举证责任的当事人不举证或举证不充分的，依法承担败诉后果。二是强化了庭审功能。开展所谓的"一步到庭"改革，取消一般案件的庭前调查环节，只对特别复杂的案件才进行必要的庭前调查。强调法院在庭审程序中对当事人提出的诉讼材料进行质证、核实和确认。三是强调公开审判。尽管在民事审判方式改革之前，公开审判制度作为民事诉讼的一项基本制度就见诸相关法律法规，但长期以来，一直未得到贯彻执行。这也与以往庭审功能形式化有关，事实上，只有庭审功能强化了，证明案件事实的证据必须在庭审中出示、质证才能作为定案的依据，当事人在庭审中的辩论意见对法官的裁判具有约束力，这样的公开审判才有意义。并且，公开审判将庭审过程置于新闻媒体、社会公众的监督之下，也有助于进一步提升庭审的效果。四是实行当事人当庭质证、法院当庭认证。案件双方当事人对证据的真实性、合法性、关联性进行质证是当事人行使辩论权的重要组成部分。经过当事人质证的证据才能作为定案的依

[①] 张卫平：《改革开放四十年民事司法改革的变迁》，载《中国法律评论》2018年第5期。

据，这既是当事人享有的一项当然的诉讼权利，也为判决认定事实奠定了合法性基础。

在民事审判方式改革后，民商事审判工作的重心由庭外移到庭内，开始重视庭审的功能，即强化当庭质证和认证，这对法官的专业知识和专业技能提出了很高的要求。而人民陪审员作为普通群众，显然不具备这样的专业知识和技能，由此法院在审理案件时对人民陪审制的适用逐步减少，人民陪审制在此后相当长一段时间内离开了司法的"中心舞台"。从更宏观的视角观察，始自于20世纪80年代的民事审判方式改革标志着我国以职业化、专业化为取向的司法改革运动的起步，其指导思想和改革目标可以归纳为：通过架构当事人主义的、对抗式的诉讼结构来倒逼裁判者的职业化、专业化，以此推动我国司法向符合普遍司法规律的现代型司法转型，并由此逐步消除司法的行政化、地方化和大众化。这次改革的高潮以1998年至2008年最高人民法院主导推进的两个人民法院五年改革纲要的出台为标志。这个时期的司法改革运动与20世纪50年代初以"马锡五"式审判方式为象征的司法改革，分别代表了"职业化司法"和"人民（性）司法"的不同司法理念，而作为体现司法人民性的代表制度——人民陪审制，因与当时改革的理念相悖，被彻底地雪藏。

2. 社会认知多元致陪审制目的迷失

（1）2004年《决定》中关于陪审制的目的规定

人民陪审制的再次"复兴"可以说是源于人们对前述"职业化司法"改革路线的反思。一方面，党和国家政府对职业改革进程中猖獗的司法腐败现象以及履行"维稳"职能的不利深感不满；另一方面，群众对中国的司法界和法律职业也表现出了高度不信任[1]。在多重社会因素的催生下，2005年开始生效的《决定》作为新中国历史上关于人民陪审制的第一部单行规范性文件应运而生。

第十届全国人大常委会第八次会议曾就《决定》出台的必要性作了如下

---

[1] 李学尧：《转型社会与道德真空：司法改革中的法律职业蓝图》，载《中国法学》2012年第3期。

说明①：第一，立法完善人民陪审员制度，是司法工作践行"三个代表"重要思想和"立党为公、执政为民"要求的体现，也是从具体制度层面落实宪法中关于公民依法参与管理国家事务权利的规定；第二，立法完善人民陪审员制度，有助于维护司法公正、弘扬司法民主；第三，立法完善人民陪审员制度有利于强化人民群众对司法活动的监督、增强司法活动透明度。同时，陪审员参与审判可以增强诉讼的调解功能，帮助说服当事人，实现当事人服判息诉、案结事了的良好裁判效果，并且群众作为陪审员参与审判，也有助于其从中获得法制教育；第四，立法完善人民陪审员制度，也是解决当前人民陪审制中已存在的一些弊端问题的必要之举。从官方的上述表态看，人民陪审制度被赋予了维护司法公正、强化司法监督、推进司法民主、提高司法公信力等多重期待，人民陪审制具有的沟通司法与社会的纽带作用并没有被着重凸显。

而从《决定》的条文规定看，《决定》声称，制定本《决定》的意图是"为了完善人民陪审员制度，保障公民依法参加审判活动，促进司法公正"。从字面解读，"促进司法公正"似乎可以被视为立法机关为人民陪审制界定的制度目的和功能定位。但需要注意的是，司法公正在本质上也可以看作司法制度的总目或终极目的，因为每一种具体的司法制度在某种程度上都可以说是为了促进司法公正。当我们谈论每一具体司法制度的制度目的或功能定位时，我们实际上是在谈论在达致司法公正这一总目标的过程中，每一种具体的司法制度排他的、特殊的、可兹识别的具体路径，如诉讼繁简分流机制是为了提升审判效率，调解制度是为了追求各方当事人的自治利益等，这才是我们所要谈论的某一具体司法制度的制度目的。从这个意义上观察，"《决定》并未能为陪审制明确其自身的目的"②。这个立法缺陷并没有随着

---

① 《关于〈关于完善人民陪审员制度的决定（草案）〉的说明——2004年4月2日在第十届全国人民代表大会常务委员会第八次会议上》，载《中华人民共和国全国人民代表大会常务委员会公报》2004年第6期。

② 吴英姿：《人民陪审制改革向何处去？——司法目的论视域下中国陪审制功能定位与改革前瞻》，载《苏州大学学报（法学版）》2014年第3期。

2018年《人民陪审员法》的出台而得到修正,《人民陪审员法》的有关规定与2004年《决定》如出一辙,其第一条规定,"为了保障公民依法参加审判活动,促进司法公正,提升司法公信,制定本法",再一次在制度规范上忽视了对人民陪审制之制度目的及功能定位的准确定位。

(2) 社会关于陪审制目的认知多元

在立法层面缺乏对人民陪审制之制度目的和功能定位的准确界定,特别是没有明确人民陪审制承担着沟通司法与社会的核心功能,导致现实实践中,与陪审制度休戚相关的各群体常常会自觉或不自觉地从自身角度出发对陪审制度目的进行解读,进而形成了当前对人民陪审制之制度目的认知多元化的局面。如根据蔡琳的实证调研数据,法官群体和陪审员群体在陪审制度作用的认知方面即存在着很大的分歧①(表3.1)。

表3.1 法官群体和陪审员群体对陪审制作用的认知

陪审制的作用	法官	陪审员
让裁判体现民意	85.7%	97.4%
通过陪审员向社会宣传法律	85.7%	84.2%
监督法官行使审判权	66.7%	81.6%
有助于当事人服从法院裁判	57.1%	57.9%
方便陪审员学习法律知识	28.6%	57.9%
弥补审判力量的不足	78.6%	44.7%
其他	4.8%	7.9%

通过两组数据对比可知,除了"通过陪审员向社会宣传法律"和"让裁判体现民意"得到职业法官群体和陪审员群体的共同的广泛认可外,陪审员更多将参与陪审理解为行使一种"监督权力",并且对陪审制在提升自己的能力方面的作用有更强的认同;而职业法官则偏重于陪审制对补充合议庭人员等实用价值的强调,这也与当前司法实践中陪审员已逐步异化成为法院人力资源补充者的现实图景相印证。

---

① 蔡琳:《人民陪审员助理角色之实证考察》,载《法学》2013年第8期。

与前述两类主体对人民陪审制的认知相比,社会公众对人民陪审制则表现出了更多的"无知"和"误解"。根据成都市武侯区人民法院的调研,在477名被调研的群众中,除2人未作回答外,听说过人民陪审员的有304人,占总人数的63.7%,没有听说过的有171人,占35.8%。在回答"人民陪审员是干什么的"这一问题时,有7.5%的受访民众完全不知道陪审员具体是做什么工作的,55.5%的受访民众认为人民陪审员是在法庭中监督法官判案的,还有3.4%的受访民众认为陪审员就是在法庭中陪坐的,仅有16.1%的民众较为准确地回答出陪审员是和法官一起审理案件的[①]。通过社会民众普遍表现出的对人民陪审制的"漠视"和"无知",不难推断从民众中选取的人民陪审员必然也缺乏代表社会从事司法审判工作的崇高感、尊荣感和使命感,这可以从下一组调研数据中得到印证。根据广州市中级人民法院的调研数据,参与调查的172名陪审员中,将陪审员工作视为一种职业的占到了受调查陪审员总数的26.7%,有46名受访陪审员明确表示审判补贴是他们的主要经济收入来源,相当一部分陪审员特别是离退休人员担任陪审员的,表示做陪审员是为了"老有所为""老有所乐",换言之,就是为退休生活找个事情做,解个闷子。还有一部分陪审员则考虑得更为"复杂",他们坦言做审判员是为了积累在司法圈子里的"人脉",为以后自己或家人从事律师职业做好铺垫[②]。这些受访陪审员担任陪审员五花八门的动机说明他们对人民陪审制作为一项司法制度之目的、功能定位及运作机理缺乏正确的认识,这样的认知误区必然会影响到他们作为陪审员的履职效果。尤其是对那些带有明确私人利益动机的陪审员而言,当其个人私益与作为人民陪审员维护公益之责任发生冲突时,很难保证其不会为了个人私益而放弃"正确"履行职责。

(3) 认知多元与功能冲突

对陪审制度目的认知多元化可能导致的问题是,不同主体在各自不同目

[①] "中国陪审制度研究"课题组:《中国陪审制度研究——以成都市武侯区人民法院陪审工作为对象》,载《法律科学》2008年第6期。

[②] 钟莉:《价值·规则·实践:人民陪审员制度研究》,上海人民出版社2011年版,第160页。

的认知的指导下各行其是，这往往会使人民陪审制的运行陷入两难的矛盾境地，其外化的表现即是所谓的"陪而不审"等现象。

例如，司法民主的目的认知，要求在陪审员选任中尽可能吸收不同年龄、性别、民族、行业、职业的人员来担任陪审员，兼顾社会各阶层人员的构成比例，通过陪审员来源的广泛性来表征陪审员群体对整个社会的代表①。同样，民主化要求表明陪审员角色本质上是法律行业的"局外人"，其参与陪审是基于作为一个公民的朴素认知和价值观，而不需要具备专业法律能力和经验。但与职业法官"同职同权"及对人民陪审员进行专业化培训、科层化管理、考核的制度规定，却暗示人民陪审员是按照准司法专业人士的标准进行打造的，由此让陪审员在潜意识中觉得陪审工作是一个"高大上"的、需要相当专业知识和技能才能应付的工作。如果这种双重期待不能很好地协调，难免会加剧陪审员的"紧张感"，让其感觉"难以胜任"，进而不愿多发问、多表达意见。即便这个陪审员在常情常理常识方面有所长，也往往难以派上用场。

再如，如果法官仅仅认为陪审员是司法民主的点缀以及解决审判力量不足的工具，而不认可陪审制的其他目的价值，那么其对陪审员就会不自觉表现出轻视态度，这必然会影响到陪审员的参审积极性。尤其是对那些有稳定职业甚至有相当社会地位的陪审员而言，不仅会因自尊受损而影响其工作态度，而且会生出"凭什么我要抽出时间去做个陪衬"的疑问，进而导致他们以各种理由逃避履职②。

3. 法院目标置换致陪审制功能变异

（1）陪审员角色多元化

在与人民陪审制相关的所有主体中，法院对陪审制的实际运作影响最大。最高人民法院本身就是2004年《决定》以及其后的一系列司法解释和规范性文件的起草者，并且在陪审制运行中，有关陪审员选任、管理、培训等

---

① 《最高人民法院关于进一步加强和推进人民陪审工作的若干意见》（法发〔2010〕24号）第7条规定。

② 刘方勇：《人民陪审员角色冲突与调适》，载《法律科学》2016年第2期。

"权力"事实上都掌握在法院机关手中①。新一轮人民陪审制改革启动后,最高人民法院又参与了《试点方案》《实施办法》等一系列改革重点文件的起草,继续牢牢把控着陪审制改革的主导权。法院系统对陪审制运行及改革进程的掌控,决定了在当前人民陪审制目标不明、功能定位模糊的情况下,法院的现实需求和目标取向在实际上决定了陪审制的运行方向,产生显著的目标置换效应。

　　法院对人民陪审制的目标置换,最突出地表现在将陪审员作为法院人员紧缺情形下人力资源的补充。法院"案多人少"的矛盾由来已久。在大中城市和东部发达地区,随着经济的快速发展,法院受理案件数量激增,而法官的编制则相对固定,案件数量与法官编制数之间呈现出明显的张力,尤其是在法院员额制改革后,一线法官人数进一步压缩,更加剧了这种矛盾。此外,虽然目前90%以上的一审案件系通过简易程序进行审理,但仍然有部分相对复杂的案件要经由普通程序进行审理,而案件通过普通程序审理需要由3名审判人员组成合议庭,由此进一步加剧了法院审判资源的紧张。于是,陪审员自然被作为合议庭缺员时的有效补充,帮助合议庭在形式上满足法定的人员组成要求,至于陪审员能不能在审判中发挥出实质性的作用,则不在法院或法官的考虑范围之内。对农村地区的法院而言,它们虽然没有城市地区法院那么大的收案量,人案矛盾没有那么突出,但它们亦有其人力资源短缺的困难,只不过农村地区法院最为缺少的不是审判人员,而是各类审判辅助人员。尽管早在1999年,最高人民法院就曾发布有关司法解释,明确设立人民法庭其编制至少要有3名以上法官、1名以上书记员,在有条件的地方,还可以配备司法警察,但根据学者在陕北、湖北等地的实证调研,在我国中西部农村地区的人民法庭,其正式的工作人员一般只有2~4人②。农村地区法院编制人员不足而其管辖地域广阔是农村地区法院面临的首要困难。并且,与城市地区人口密集、交通便利的社会条件不同,农村地区地广人稀,

---

① 吴英姿:《人民陪审制改革向何处去？——司法目的论视域下中国陪审制功能定位与改革前瞻》,载《苏州大学学报(法学版)》2014年第3期。

② 苏力:《送法下乡——中国基层司法制度研究》,中国政法大学出版社2000年版,第42页。

而农村法院或法庭的正式干警虽工作在农村,家却往往安在市区,因此多数正式干警对农村的实际情况并不熟悉,即便是送达文书这样一个简单的程序事项,也需要土生土长的当地人予以配合才能顺利完成。而陪审员多出自本土本乡,对当地社情民意非常了解,由此可以帮助法院在当地处理各种事务性工作,并且陪审员的各种补贴、费用由相关政策予以保障,不会再额外增加农村地区法院本不宽裕的经费支出。这些因素的叠加导致了在农村地区法院,陪审员不仅要作为编外法官填补合议庭的缺员,而且同时扮演着文书送达人、书记员、执行人等多重角色,成为农村地区法院正常运转不可或缺的力量①。

法院对人民陪审制的功利性使用,还突出表现在将陪审员作为特定领域专业知识的低成本来源,即热衷于使用专家陪审员。随着社会的发展,进入法院的案件越来越多地涉及专业的、高深的现代科学技术,而法官对这些法律领域之外的知识并不熟悉,越来越需要相关的专业人员提供知识支持,而专家陪审员的使用不仅可以满足法院在这类案件审理中对专业知识的需求,而且无需法院再额外聘请外部专业人员,节约了办公成本,由此为法院所热衷。故与普通陪审员参与的"陪审制"常被人讥讽为"可有可无"的制度"鸡肋"不同,专家陪审制不但没有衰落,反而随着法院处理的复杂技术类案件的增多而更加兴盛②。

(2)陪审制本来的功能弱化

法院对陪审员作为"人力资源补充"的功利性定位,决定了法院偏好选用那些空闲时间较多、配合程度高的陪审员参加审判。久而久之,随机抽取陪审员的法定陪审员选取程序便被弃之不用,而逐渐代之以相对固定的模式,即所谓"专职化"的陪审员。这部分专职陪审员由于长期从事法律审判工作,与职业法官朝夕相处,并接受法院的管理、业绩考核和培训,事实上

---

① 曾晖、王筝:《困境中的陪审制度——"法院需要"笼罩下的陪审制度解读》,载《北大法律评论》2007年第1期。
② 胡凌:《人民陪审员制度的多面向解释》,载苏力主编:《法律和社会科学(第二卷)》,法律出版社2007年版,第103-127页。

已异化为只是缺少"正规编制"的法官,他们的工作方式方法、思维习惯越来越近似于职业法官,变得"法治观念太强,司法性格太重,守经有余,权变不足"①,日渐失去其作为代表社会、代表民意参与审判的公民的大众视角和价值观。对陪审制之应有目的侵蚀更为严重的情形是,陪审员亦洞悉法院对其的要求,即"凑齐合议庭人数",而自愿"躺平",将陪审工作仅仅当成完成任务,甚或是获取陪审津贴补贴家用的一个途径。对专家陪审员的青睐亦有违陪审制度的本质要求。尽管专家所具备的专业优势可以在一定程度上克服法官知识的局限,但专家的专业背景会使其审视相关问题时产生"先入为主"的定见,而对与之相反的观点予以排斥。这种职业性偏见可能会对合议庭的意见产生决定性影响,甚至比无知危害更大。并且,专家陪审员因长期浸淫自己所在的职业或专业圈子,与圈内人有着千丝万缕的联系,当有些案件涉及圈内同行,其往往会因为"熟人关系"甚至仅仅是"同行间的惺惺相惜",违背中立原则,刻意对其进行偏袒。如在医疗专家审理医患纠纷案件时,往往会对医院一方网开一面,尽力为其开脱,也由此引发患者方对裁判不公的强烈不满②。概言之,不论法院将陪审制作为人力资源的补充渠道抑或专门知识的补充渠道,在其他主体看来,都与他们对陪审制的期待相距甚远,这样的陪审制即便在实践中被广泛运用,在他们眼中也只是毫无意义地"空转"。而从法院视角观察,尽管法院对陪审制的功利性利用在一定程度上满足了法院部分特定需求,但此时陪审制已远离了其作为一项司法制度的定位,成为法院"食之无味、弃之不舍"的"鸡肋"制度。

(三)人民陪审制运行机制扭曲

实践中,人们对"陪而不审"现象的直观感受是陪审员在庭审及合议时不发言或很少发言。如根据成都市武侯区法院的调研,庭审中不发言或只是偶尔发言的人民陪审员占比高达 73.7%,多数陪审员在庭审中难以集中精

---

① 马英九:《法律人的"希波克拉底之誓"》,载陈长文、罗智强:《法律人,你为什么不争气?——法律伦理与理想的重建》,法律出版社 2007 年版,序。

② 刘峥:《我国人民陪审员制度改革的再思考》,载《法律适用》2015 年第 12 期。

力，不乏发呆、打瞌睡甚至开庭时看手机等现象。而在评议环节，往往都是由法官率先发言，而陪审员以附和法官的发言为主，调研数据显示，法官在评议时先发言的比例高达54.7%，而陪审员首先发言的仅占7.8%[①]。本书认为，陪审员之所以常常在审判过程中陷入"失语"状态，与围绕陪审制的有关制度设计导致的陪审过程中的沟通机制扭曲有很大关系。

陪审制作为司法过程中的公共领域，其内在的运作机理是通过参与者的沟通商谈达成理性共识。而要达成真正意义上的理性共识，沟通的环境应当尽可能符合"理想的言语情境"。对于"理想的言语情境"，哈贝马斯曾作出这样的界定：当交往既没有受到外在的偶然力量的阻碍，也没有受到交往结构自身的强制，那么，这种言语情境就可以被称为理想的言语情境。以此衡量人民陪审制度的相关制度设计及有关行动者的认知和行为，可以看出，其存在以下阻碍人民陪审制正常运转的缺陷。

1. 外在强制因素阻碍——法院对陪审员的掌控

人民陪审员与法院之间依附关系的形成主要是在以下两个环节：一是人民陪审员的遴选选任环节，二是人民陪审员的日常管理环节。对于人民陪审员的遴选选任，《人民陪审员法》出台前，人民陪审员的产生主要采用指定和推荐的办法，有关职能部门特别是法院在遴选选任陪审员程序中处于主导地位，人民陪审员的产生蕴含着较强的行政性因素。人民陪审员选任虽然有着选举的名义外观，但其内核还是依照行政程序运作的结果。陪审员所在单位、法院机关、行政司法机关、人大要一致同意，人民陪审员才能被任用，而其中任何一方对陪审员的选任都有一票否决权[②]。在行政性因素的主导下，有关部门通常会从身份、职业等方面考虑挑选什么样的人担任陪审员。教师、公务员等职业群体，职业稳定，具有较高的个人素质，最重要的是通常会比较配合法院的工作，由此成为法院心目中担任陪审员的首选。如根据对西部某地法院的调研，该法院陪审员中，公务员身份及事业单位工作人员占

[①] "中国陪审制度研究"课题组：《中国陪审制度研究——以成都市武侯区人民法院陪审工作为对象》，载《法律科学（西北政法大学学报）》2008年第6期。

[②] 蔡良凯：《浅论我国陪审制度的完善》，载《湖南公安高等专科学校学报》2009年第3期。

到了陪审员总数的 33.3%，高等院校及中小学教师占 38.9%，离退休人员占 14.8%，公司职员及工人占 3%，个体经营者、农林牧渔业劳动者、学生、待业人员和其他职业人员的人数均为零①。这种潜在的定向选任关系，使得被挑选的人民陪审员会当然地依附于所有支持他担任陪审员的各类主体，尤其是在其中起核心作用的法院。而在组成具体合议庭阶段，根据 2004 年《决定》，选取陪审员参加合议庭审判，应当在人民陪审员名单中随机抽取确定。在司法实践中，这种制度规定的"一案一审"随机抽选模式往往被法院在案件中以指定分配陪审员的方式代替。这当然有陪审员数量少、排庭时间与陪审员个人时间难以协调等外部原因，但形成这种现象的主要原因还在于较之随机抽选，指定的陪审员更容易"合作"。这对那些有意于认真履责的陪审员形成了一种逆向选择效应。此外，那些经常被指定参加庭审的陪审员与法官组成相对固定的合议庭，双方日趋熟悉默契，使得陪审员也"抹不开面子"对法官的决定提出不同的意见。

《人民陪审员法》对人民陪审员的产生方式进行了改革，将组织推荐和个人申请方式改为原则上通过随机抽选方式选任陪审员，由司法行政机关会同基层人民法院、公安机关，从辖区内的常住居民名单中随机抽选拟任命人民陪审员 5 倍以上的人员作为人民陪审员候选人，再从通过资格审查的候选人名单中随机抽选确定人民陪审员人选。而对采用组织推荐和个人申请途径产生的陪审员名额进行了限定，原则上"不得超过人民陪审员名额数的五分之一"。对于在具体案件中分配陪审员，《人民陪审员法》再次重申了"随机抽选"模式。《人民陪审员法》的修改虽然在一定程度上减少了法院对陪审员选任的操控，但需要注意的是，《人民陪审员法》中"会同基层人民法院"的有关规定仍为法院操控陪审员选任留下了切口，对人民陪审员的独立性造成了潜在的危害。此外，在具体案件中采用"随机抽取"方式确定陪审员，该规则的有效性取决于候选人民陪审员数量的充足，根据目前"人民陪审员

---

① 张永和、于嘉川：《武侯陪审——透过法社会学与法人类学的观察》，法律出版社 2009 年版，第 158 页。

名额数不低于本院法官数的3倍"的规定,人民陪审员候选人数仍然过少,难免会在制度的实际运行中重蹈"编外法官""专职陪审员"的覆辙。

  在陪审员的日常管理环节,当前对陪审员的管理、考核均是按照对法官的管理、考核模式进行的,如考核陪审员的参加庭审到位率、参审案件的质效、庭审中的风纪等等。这种科层官僚制的管理、考核方式,加深了人民陪审员对法院的依附程度,甚至将自己视为法院干警中的一员①。对陪审员这种类"编制内"的管理考核方式与陪审制的制度机理完全相悖,客观上对陪审员自由履职形成了制度上的外部约束。另外,现行制度对人民陪审员的培训亦是参照法官的培训模式进行的,表现出"职业化""专业化"的特征。从最高人民法院和国家法官学院编写的人民陪审员培训教材看,陪审员需要参加的培训课程包括法律基础知识、审判工作基本规则、审判纪律和司法职业道德等等。这种以职业化、专业化为取向的培训会对人民陪审员产生"同化效应",弱化其司法"局外人""普通人"的视角和思维方式,从根本上背离了陪审制的制度"初心",而且还会在心理上暗示人民陪审员在法律专业知识及专业技能上与职业法官的差距,使其更怯于发表自己独立的意见。结合我国部分陪审员参与陪审工作带有明显的功利性动机,其多希望与法院建立起一种"良性互动"关系,以最大限度满足自身的利益需求。如果"直抒胸臆"有可能导致得罪法院、法官,进而使其失去陪审员的身份及背后的附带利益,那么在"趋利避害"的心理作用下,这些陪审员的最佳选择当然是"明哲保身"、静默不言。

2. 内在强制因素干扰——陪审员的不自信

  陪审制作为司法过程中的公共领域,其作用机理在于沟通司法与社会,实现常情常识常理与法律的交融,通过理性商谈达成共识。陪审员作为社会的代表,并不要求其具有专业的法律知识和技能,甚至具备过多的法律知识和技能还会对其发挥陪审员职能造成一种视角和思维方式上的障碍。也因此,世界主要实行陪审制的国家均将法律专业人士排除在陪审员的候选名单

---

① 陈江华:《人民陪审员"法官化"倾向质疑》,载《学术界》2011年第3期。

之外。但在我国，由于人民陪审制的目的不明，功能定位不清，在很多制度设计上都突出了对陪审员技能、学历的重视，如要求陪审员具有大专以上学历、陪审员入职要进行法律专业技能的培训等等，这些制度设计对陪审员进行了强烈的心理暗示，即陪审员要具有可以与法官进行对话所必需的法律知识和法律技能，而当人民陪审员自认为不具备这样的专业知识和技能时，顺从专业法官的意见就成为其最为"理性"的选择。陪审案件的评议规则及有关合议庭的构成，进一步放大了陪审员自认专业知识不足的"露怯"心理效应。我国的陪审法庭对案件的评议规则仍采用简单多数决规则，这样的规则决定了案件评议过程中的重点不是努力通过沟通求得最大共识，而是表决力量的对比。在《人民陪审员法》出台前，陪审法庭通常由3名审判人员组成，其搭配模式要么是1名法官搭配2名陪审员，要么是2名法官搭配1名陪审员。当合议庭中陪审员处于少数时，陪审员很容易对自己的少数意见产生怀疑，认为自己的意见"不专业"，进而放弃自己的意见而屈从于专业法官。即便是在"一审两陪"的合议庭组成中，由于2004年《决定》并没有对合议法庭评议时的发言顺序作出明确规定，在法官率先发言的情况下（根据调研数据，陪审法庭合议时，法官先发言的占54.7%[①]），陪审员往往会简单地附和法官的意见。

此外，陪审法庭的定案机制也会影响到陪审员履职的积极性。2004年《决定》规定，对陪审案件实行少数服从多数原则，但必要时，人民陪审员可以要求合议庭将案件提请院长决定是否提交审判委员会讨论。《人民陪审员法》亦规定，当案件评议存在重大分歧时，无论是人民陪审员还是法官均可以要求合议庭将案件提请院长决定是否提交审判委员会讨论决定。由此可见，陪审法庭并不享有对所办理案件的最终决定权。哪怕陪审员的意见在合议庭中占到了多数，法官仍可以将案件上报给审判委员会讨论定案。而实证调研数据显示，当法官与陪审员在评议案件过程中发生意见分歧时，有高达

[①] 刘晴辉：《对中国陪审制度的实证研究——以某市基层法院为视角》，载《四川大学学报（哲学社会科学版）》，2007年第1期。

41%的法官会选择提请上报审判委员会①。能够体现陪审员对案件并无最终决定权的另一制度设计是，当事人对经陪审法庭审理的一审案件可以提起上诉，上诉法庭经审理后可以径行改判，这与英美法系陪审团模式下陪审团的裁定即是最终裁定，以及大陆法系中法国等参审制国家中只有上诉陪审法庭才能改判一审陪审法庭作出的裁判等情形都不相同。换言之，陪审员作为社会代表所作出的裁判是可以被上诉法庭改变的，即便上诉法庭中并无代表社会的陪审员参与。这进一步动摇了陪审员裁判的权威。由此，自然会令人民陪审员产生"陪审就是走过场""陪审员人微言轻"等负面情绪，进而削弱了其履职的热情。

此外，还有观点认为，法院错案追究机制的适用主体以及法院内部违法违纪查处的对象都针对的是职业法官，而不涉及人民陪审员。一边是面临巨大的错案追究压力的职业法官，而另一边是对决策结果可以"毫不负责"的人民陪审员，在这巨大的压力反差下，职业法官常常会基于对案件结果利害关系的考虑而侵夺陪审员的权力②，而陪审员往往对裁判的结果缺乏责任心，消极应付，懈怠履职。本书对此亦深以为然。

---

① "中国陪审制度研究"课题组：《中国陪审制度研究——以成都市武侯区人民法院陪审工作为对象》，载《法律科学（西北政法大学学报）》2008年第6期。

② 刘晴辉：《中国陪审制度研究》，四川大学出版社2009年版，第246页。

四、人民陪审制改革的原动力：
司法对沟通理性的需要

（一）社会转型与司法沟通理性

1. 伴随司法职业化进程的"公信力下降"

发端于20世纪90年代的以司法职业化、专业化为取向的司法改革，可以视为我国司法追求普世化司法规律的一种努力。1997年9月12日，江泽民同志在党的十五大报告中首次提出依法治国的重要理念，指出要建设社会主义法治国家，推进司法改革，从制度上保障司法机关可以依法独立行使审判权。在党的十五大指导精神指引下，1999年10月，最高人民法院颁布了《人民法院五年改革纲要（1999—2003）》，从法院的组织体系、队伍建设、工作机制、后勤保障制度等几方面研究制订了详细的改革计划。延续这一改革思路，党的十六大报告对改革进行了进一步明确具体的指导，提出要按照公正司法和严格执法的要求，完善司法机关的机构设置、职权划分和管理制度，建立相互配合、相互制约、权责明确、高效运行的司法体制。2003年5月，党中央专门成立中央司法体制改革领导小组，对改革进行全面领导和统一部署。这波司法改革运动随着2005年10月最高人民法院颁布《人民法院第二个五年改革纲要（2004—2008）》而达到了一个高潮[1]。经过近十年的改革征程，我国的司法事业在以下方面成效明显：一是法官的职业素质明显提升。2001年6月修正的《中华人民共和国法官法》中首次明确必须从通过

---

[1] 高一飞、陈恋：《人民法院司法改革40年的回顾与思考》，载《中国应用法学》2019年第1期。

国家统一司法考试的人员中择优挑选初任法官，作为这一法律规定的配套制度，国家统一司法考试制度于 2002 年正式建立，这一规定及相关制度的落实显著抬升了法官任职的资格门槛，使法官职业具有了明显区分于国家普通公务员的职业化、专业化特征。二是加快了审判方式改革步伐。改革延续了 20 世纪 80 年代启动的民事审判方式改革的良好态势，基本上改变了以往先定后审的传统，庭审不再流于形式而具有了实质化的内核，法官的超职权主义审判模式逐渐让步于当事人主义审判模式。三是建立起法官依法独立审判责任制。2002 年 7 月，最高人民法院颁布《最高人民法院关于人民法院合议庭工作的若干规定》，明确合议庭应承担主要的定案职责，除重大、复杂、疑难案件提交审判委员会讨论外，其他案件由合议庭自行解决，进一步强化了合议庭的定案职能，向着建立符合司法审判规律的现代型司法奋斗目标迈出了坚实一步。

但令人尴尬的是，与期望中的司法公信力难题会随着司法的职业化、专业化水平的提升迎刃而解的改革预期相悖的是，职业化司法改革的推进不仅没有达到这样的预期，那些不相信司法机关、不相信法官的人反而越来越多了，司法的权威和公信力随着改革的推进有进一步下滑的趋势，尤其让一些司法专业人士不解的是，许多从法律法理上看并无明显不当的案件，当事人却意见非常大，缠诉闹访，甚至不惜暴力抗法[1]。为什么法官的专业知识和素养的普遍提高，司法的专业化、正规化程度的大幅提升，难以获得社会民众的普遍认同呢？这成为每一位关心中国司法事业的法律人需要探究的问题。

2. 对"公信力下降"的几种解释

针对上述现象，理论上通常有三种解释观点。一是腐败说。该观点认为司法职业化改革不成功的主要原因在于重法官业务技能而轻道德培养。司法职业化对法官技艺理性的强调使得裁判过程更加脱离于民众的监督，而法官裁判技艺的提升并不能保证可以同步提升其德行和自律性，由此导致改革后

---

[1] 凌斌：《公正司法的公信基础》，载《华东政法大学学报》2013 年第 6 期。

更为严重的司法腐败和不公。2009年全国两会上最高人民检察院的工作报告中统计,当年司法系统贿赂犯罪占到了全国贿赂犯罪的1/5,有2620人涉案,其中涉及法官的占32%。同年,最高人民法院原副院长黄松有因贪污受贿510万元,被判处无期徒刑。重庆法院系统在当年有14名高层级法官在扫黑中被查处,包括重庆市高院原副院长张弢、重庆市法官进修学院原院长乌小青等①。这似乎都为司法职业化"加剧"司法腐败提供了佐证。

二是特殊国情说。该观点认为,造成上述现象的原因在于过于强调通过西方制度移植等方式进行司法制度的构建,而忽视了我国特有的传统、历史、文化以及社会的力量。法律不仅仅是一种普世性知识,更是一种地方性知识。正如昂格尔所言:"就像世界语言包含了许多具体性和严密性程度不一的方言和子系统一样,法律也有着诸多的子集。"② 在我国这样一个大国背景下推进法治必须建立在整体性的中国法律文化基础上,充分重视其中的文化差异。由于受到几千年儒家文化的浸染,中国人已经形成了一整套具有高度同质性的生活态度和生活方式。这种具有整体性的法律传统文化,无时无刻不在影响着人们的观念,规范着人们的行为,建构着社会的秩序。例如同西方偏好形式正义司法观不同,中国人更加认同实质性司法观。与西方司法相比,中国传统司法不看重法律而看重情理,不看重对法律字面含义的解读而看重对法律目的的解读,不看重裁判的结果是不是严格适用了法律而看重其是不是能赢得民心、符合民意。司法职业化改革所注重的专业思维、法言法语、法律推理论证和解释技术等法律技术手段很多体现的是西方司法的传统,却没有考虑到中国人民的接受程度,由此注定了其无法成为有效的裁判结果正当性的证成工具,而只能成为法律人自娱自乐的"智力游戏"。

三是法律僵化说。该观点认为问题出在法律的稳定性与社会生活的复杂性、多样性和易变性之间的张力上。法律作为一种规范范式,有其与生俱来的局限性。首先,法律只能以有限的规范去处理纷繁复杂的社会问题,很多

---

① 巩军伟:《论司法职业化与司法大众化》,载《兰州大学学报(社会科学版)》2010年第3期。
② [美]昂格尔:《现代社会中的法律》,周汉华、吴玉章译,译林出版社2008年版,第231页。

需要法律去调整的社会生活，在制定法体系中是找不到对应的法律规定的。其次，法律通常采取抽象分类的方式进行编纂，以此来尽可能涵盖更多的调整对象，但法律调整对象的广泛必然导致法律调整的精确性不足。由于不能对生活中的每一具体情形专门制定个性化的规则体系，这就使得法律规范与真实的现实生活之间总是存在一定的隔阂。再次，法律永远不是完美无缺的，由于立法者理性的局限，再高明的立法者也无法避免法律中存在这样那样的缺陷。最后，法律是运用语言进行记录和解释的，语言本身具有模糊性、多义性、变迁性的特征，以语言去构筑法律规则，这些特征也会随之进入法律中，使得法律本身表现出一定程度的不确定性[1]。一言以蔽之，法律规定的一般性与其适用对象——复杂多样的社会生活之间存在着一种张力关系，两者之间的冲突不可避免，由此司法应当保持一定的弹性，来缓解两者之间的紧张关系。而当前我国所谓的司法职业化，尚处于将法官仅仅当作法律的复印机或自动售货机的初级阶段，由此导致机械的司法与灵活多变的社会现实之间不相融合，从而损害了司法的权威和公信力。

3. 以沟通理性视角对转型期司法的再审视

（1）司法公信力不彰是传统权威消解的现实表现

在传统社会向现代社会的转型过程中，由于人们理性的启蒙和觉醒，社会发展出现一个所谓的"祛魅"过程，社会逐步摆脱传统权威的控制，人们转向运用理性的方法来理解和征服世界，由此导致了公共权力合法性基础的转换。

我国当前司法公信力不彰的困境，事实上就是这样一个传统权威消解，而新权威尚未建立的现实写照。在古代中国，主要依靠儒家的意识形态完成社会的整合，而所谓的司法系统也依附于儒家这一文化整合系统，形成了"德治"的司法传统，突出体现在中国古代的司法判决更为注重文学化的艺术和诗赋性而不太讲究逻辑，在判词中缺乏对案件证据及证据证明力的表

---

[1] 周少华：《适应性：变动社会中的法律命题》，载《法制与社会发展》2010 年第 6 期。

述，判决理由也缺乏法律意义上的严密论证①。但司法判决这种体现人情化、民意化、世俗化的灵活操作模式，由于能够最大限度契合儒家家族本位的伦理法取向而在古代社会获致了合法性基础。新中国成立后至改革开放前，我国虽然已具备一个现代国家的雏形，但本质上仍然是一个高度政治化的社会，社会的整合主要依赖于一个自上而下的强力政治权威来实现，国家主要通过行政手段而不是法律手段对整个社会实行整齐划一的管理。社会生活的各领域处于一种无差别、无个性的机械统一状况之中。在政治、经济、文化三大领域中，政治具有至高无上的地位，并在事实上主宰着经济和文化领域。当时的社会纠纷，主要通过人们工作的单位或者居住地的居民委员会或村民委员会解决，如果不同的单位的人员之间发生纠纷，则通过所在单位共同的主管部门解决，法院在解决纠纷中的作用是有限的。由于高度集中的计划经济体制，商品经济不发达，当时的民事案件主要是婚姻家庭纠纷；刑事案件则与历次政治运动有密切关系，最突出的是反革命罪；行政案件，即所谓民告官的案件，则几乎不存在。也正由于政治的"一枝独大"，包括法律在内的社会治理体系发育得不成熟，当时法院等司法机关处理纠纷带有浓厚的"行政色彩"，调解在法院处理民事案件中占主导地位。尽管改革开放前缺乏精确的统计数字，但据估计，有90%左右的民事案件是通过调解结案的②。由于改革开放前的中国社会是一个高度同质化的社会，社会各阶层共享着高度统一的价值观，尤其在主导的政治价值观方面，偏好、信任并顺从权威型的政府，故当时依附于政治的司法，在权威方面并没有遭遇过太大的挑战。

改革开放后，随着中国社会转型的深入和加快，一个现代性的社会结构逐渐形成，并逐步显露出"分化性"和"异质化"的特征。所谓"分化性"主要体现在包括法律在内的经济、文化、社会等功能分化的社会次系统逐渐从政治系统中分立出来，而具有了相对独立和自主的地位。"异质化"则指

---

① 杨建军：《司法改革的理论论争及其启迪》，载《法商研究》2015年第2期。
② 朱景文：《中国法治道路的探索——以纠纷解决的正规化和非正规化为视角》，载《法学》2009年第7期。

民众在价值观上的分化。改革开放后，较为宽松的社会政治环境，国门初开、西方各类文化思潮的涌入，使人们原有的封闭的思想观念受到了极大震撼。在追求国家富强、民族自立的总目标下，人们贪婪地吸收着西方发达国家各种有益的思想文化资源，改革开放前那种大一统的国民世界观、价值观格局开始产生裂隙，并最终分崩离析。在后改革开放时代，随着由国家统一集中管理、占有和分配各种资源的体制格局被打破，法律体系从行政系统中分化出来，大量的诉讼案件开始涌向法院。据统计，全国法院系统一审受理的民事案件数量1979年为39万件，2006年为438万件，增长了10.2倍；刑事案件从1979年的12万件增长到2006年的70万件，增长了4.8倍；行政案件从1983年的527件增长到2006年的9.6万件，增长了181.2倍；各类一审案件总数从1979年的51万件增长到2006年的518万件，增长了9.2倍[①]。在社会"异质化"、民众价值观多元化的现代社会，政治权力等传统权威显然无法再为司法的合法性、有效性进行背书，反而政治权力需要借助司法来增加自身的合法性的砝码。由是，司法作为当代最主要的社会整合机制，在这个价值日趋多元化的转型时代，面临着尽快找到新的合法性之锚的巨大挑战。

（2）对倡导回归"马锡五审判方式"的反思

自20世纪末开启的司法职业化改革，事实上就是社会转型期我国司法寻找新的合法性之源的一种探索。当以建立职业化、专业化的现代化司法体系为目标的司法改革没有取得预想的成效，司法公信力未有显著提升，乃至司法腐败猖獗，有观点提出，要赢得民心，提升司法的公信力，正确的司法改革路径应是"强化司法的人民性"，重新重视对"马锡五审判方式"等传统司法资源的借鉴和利用。

马锡五审判方式是历史的产物，其产生有着特定的社会历史背景。如在经济背景方面，马锡五审判方式诞生于陕甘宁边区，陕甘宁边区地处黄土高原，土地贫瘠，自然灾害频繁，交通不便，仍处于经济落后的小农经济时

---

① 朱景文：《中国法治道路的探索——以纠纷解决的正规化和非正规化为视角》，载《法学》2009年第7期。

代，生产力水平十分低下。在政治背景方面，陕甘宁边区是第二次国内革命战争时期开创的老革命根据地，自1934年即建立起革命政权。为了保卫根据地、发展根据地，壮大革命力量，就必须充分发动群众、动员群众。为了能够让群众积极投入到革命战争中来，边区政府在诸多领域实施了一系列有针对性的措施和政策。如：在经济方面，实行减租减息、取消苛捐杂税等政策；在司法方面，遵循群众路线，广泛地发动群众、动员群众，这也成为边区司法工作的一个根本性指导方针；在裁判依据方面，边区司法机关裁判的依据主要是边区政府制定颁布的各种政策性条例，这些带有纲领性质的政策规范，内容大都相当简单，由此导致大量的原则性规定、政策、习惯和习俗也成为当时裁判的重要参考；在观念方面，在当时人们的意识中，以和为贵、息事宁人的观念仍十分浓厚①。正是在这样的历史大背景下，马锡五审判方式孕育而生，其将司法手段与民间解决纠纷的方式相结合，具有简便、灵活、非正规化的特征，这一方面是前述背景合力作用下的必然，另一方面，马锡五审判方式也切实发挥出了其在战争革命年代的功能价值，实现了与当时的经济自然条件以及特殊的战争环境的完美契合。但从本质上讲，马锡五审判方式仍只是传统社会模式下，社会各功能领域尚未从政治领域中分化而出时的产物，与其说是一种司法方法或司法方式，其更像是一种政治工具或手段，承载着边区贯彻和落实群众路线等政治需要和政治功能。

经过几十年的法治建设，我国已经初步形成了具有中国特色的社会主义法律体系，司法裁判日趋规范化、规则化、精细化，形式粗疏、讲求简易灵活的马锡五审判方式与当前专业化的司法体系格格不入，事实上很难融入到现有体系中来。更为重要的是，包括马锡五审判方式在内的传统司法模式之所以有效，实质上是"反射"了其所依附的政治体系的权威，而在价值多元化、"祛魅化"的现代社会，政治权力本身已经失去了其在传统社会所天然具有的合法性，毛之不存，皮将焉附，希冀通过对传统司法模式的恢复而找回曾经的"威严"，无异于缘木求鱼。

---

① 张卫平：《回归"马锡五"的思考》，载《现代法学》2009年第5期。

(3) 解决之道：构建司法沟通理性

根据哈贝马斯的沟通理论，在传统权威"祛魅"后的现代社会，合法性基础转而建立在人们的理性思考之上，但这种理性不是韦伯等学者所理解的"目的—工具"理性，而应是一种沟通理性。我国单边推进的司法职业化改革成效显微，正印证了哈贝马斯理论的洞见性。最低层次的所谓的司法职业化，是将法律体系看作一个逻辑自洽的封闭的知识体系，而所谓正确的判决就是通过三段论式逻辑推导方法作为大前提的法律规则来涵摄社会现实，而不考虑这个逻辑体系之外的东西，如社会目标、政策、道德标准等①，这实际上体现了一种严格的法律实证主义观点。这种法律实证主义将司法的合法性建立在对制定法的严格适用上。由此，对司法裁判结果合法性的讨论首先要上溯到对立法条文本身是否合法的讨论，而立法本身的合法性或者说合理性在现实生活中并不总是确定无疑的。如在对著名司法公案许霆案的讨论中，很多人就对相关法律规定本身的合理性产生了质疑，由此，必然波及对裁判结果合法性或合理性的怀疑。更为重要的是，如前文所论述的，基于法律规范与生俱来的局限性，裁判者在对法律的适用中不可避免地会掺杂着其主观能动性，实证主义对规则的依赖未必可行，更未必可靠。为防止裁判者个人理性的"恣意"，通过沟通理性对其进行必要的制约不可或缺。

退一步讲，虽然司法职业化不是如法律实证主义所设想的那样只是机械地运用法律，具备职业素养的法官在进行合法性论证时考虑的要素，不仅包括法律规则，还包括原则、政策、历史传统、民族精神等等，即用自己的职业理性进行一种整体性的法律思考，但这种设想首先要具备这样一个前提，即法官不仅有高超的裁判技艺，而且有着无可指摘的个人道德品行，从而能够赢得大众的信任，进而有资格代表社会大众进行这样一种整体性思考②。

---

① [美] 莫里森：《法理学——从古希腊到后现代》，李桂林等译，武汉大学出版社2003年版，第5页。
② [德] 哈贝马斯：《在事实与规范之间——关于法律和民主法治国的商谈理论》，童世骏译，生活·读书·新知三联书店2003年版，第274页。

而我国司法职业化改革过程中的经验已经告诉我们,"法官裁判技艺的提升并不能保证可以同步提升其德行和自律性"。并且,当法官运用实定法之外的因素从"整体上"对法律进行诠释适用,其实质上已经扮演了"立法者"的角色,即便其可以摒除个人私益对裁判的干扰,这种"立法式裁判"对法官而言仍是一个"不可承受的挑战"。"整体性审判启示法官在证明权利和义务的理由时,尽可能以下述假定为依据:这些权利和义务都有一个创造者,即人格化的社会所创造,并对公平和正义的构成作出前后一致的表达"①。如此艰巨的任务,恐怕只有智力可同赫拉克勒斯的体力相媲美的法官才能担当。

也正是由于这样一个完美立法者或立法者群体在现实中的不可得,哈贝马斯的沟通理论才"务实"地将现代法律的合法性基础建立在"程序主义法范式"或称"民主立法范式"上。该范式的核心要义是:第一,在方法论上,"程序主义法范式"采取的是主体间性的进路,而不是传统主体哲学的主客体进路,立法者是以参与者的视角通过主体间的沟通商谈而推动法律的产生,而不是采取一种居高临下的观察者的视角,迷惘徘徊于追求形式正义还是实质正义之间。第二,坚持以理解为旨向的交往理性进路,而避开以成功为旨向的"目的—工具"理性误区,立足于通过公共领域的沟通和商谈实现公民自我立法。第三,在法律产生的途径上坚持由下而上的民主过程,即通过集中各个公共领域中产生的非正式意见和建议,经由"边缘—中心"的信息传递,最终通过立法机构形成法律。第四,在这样一个法律产生过程中,立法者和守法者两者的角色可以互换,立法者同时也是守法者,反之,守法者同时也是立法者。由于守法者遵守的是自己参与制定或真心同意的法律,因此其遵守法律就不会感到受压迫或受强制,这样的法律不仅具有事实的强制力,而且具有规范的有效性②。以资对照可知,当裁判者面对法律漏洞,

---

① [美]罗纳德·德沃金:《法律帝国》,李常青译,中国大百科全书出版社1996年版,第201页。
② 高鸿钧:《走向交往理性的政治哲学和法学理论(下)——哈贝马斯的民主法治思想及对中国的借鉴意义》,载《政法论坛》2008年第6期。

不得不扮演起"立法者"角色时,对其判决合法性最有力的保障是强化司法的沟通理性,让能够代表社会(抽象意义上的法律裁判承受者)的民众参与到司法过程中来,以沟通商谈确保裁判结论不偏离社会常情常理,最大限度地契合社会共识。

(二)从公案透视司法沟通理性问题

前文对沟通理性之于我国司法公信力形成的重要作用进行了理论推导,事实上,司法沟通理性与司法公信力之间的关系还可以从对当前我国司法公案的直观经验观察中看出端倪。所谓公案,根据学者孙笑侠的定义,是指"原本是一个小范围的地方性、私人间的诉讼小案,在某种因素的刺激和诱导下,不经意之间演变成为众所周知的公共事件,成为民众竞相表达的公共话题;在法院进行审判的前后过程中,民众和媒体也纷纷展开裁判,出现了所谓的'舆论法庭'或'民意法庭';民众对案件作了庭外的预判,法官变成受民众委托来审判的人;于是,个案的事实因关注度高而被民众和媒体不断加工和形塑;个案的司法,亦因此隐含着某种象征性的社会效应"[①]。近年发生的如吴英案、许霆案、邓玉娇案、彭宇案、黄静案、胡斌案、崔英杰案等都可以纳入"公案"的范围之内。

从宏观的社会治理角度来看,司法"公案"中,民意所关注的往往并非仅是案件本身的裁判问题,而更关注案件背后复杂的具有话题性的社会因素,如贫富矛盾、官民矛盾、道德失范、司法不公等等。人们通过对公案的讨论,实质上进入了一种非正式的政治参与过程,在这种公共性讨论中,公众可以表达出他们对社会的要求和期许,表达出他们对当前国家政策制度、社会治理、利益分配等方面的不满、期望与理想。在这种公共性讨论中,不同利益群体各种理性与非理性的话语反复对话,试图达成一种集体共识,形成一种有机团结,以此来规范或对抗强大的国家权力[②]。而从微观的司法审

[①] 孙笑侠:《公案的民意、主题与信息对称》,载《中国法学》2010年第3期。
[②] 段陆平、罗恬漩:《司法与舆论关系的公案审视》,载《理论探索》2014年第2期。

判角度看,公共舆情通常是依据社会公众普遍认同的习惯或道德标准形成的对某一事件的认识和见解,当然,这些认识和见解中也不乏一些最基本的法律原则或常识,如公平、正义等。与法律专业人士惯于用法律推理和逻辑判断去评说案件的是非不同,社会大众追求的所谓公正往往是道德意义上的社会公正,其惯于用朴素的正义观和区分"好人坏人"的简单视角来看待司法问题,并要求司法机关对此作出回应。特别是当案件面临法律与道德冲突的时候,社会舆情往往站在道德的一边。这类公案在当前司法领域中频频爆发,一方面反映了传统的形式正义司法已无法满足广大人民群众对社会公平正义的需要,另一方面也反映出由于司法沟通的有效性不足,在社会上已然形成了民怨积聚的"堰塞湖",一旦时机成熟,就会在所谓的"公案"中集中爆发。以下列几个公案为例:

1. 公案一:彭宇案

彭宇案在我国是一个家喻户晓的案件。2006年11月20日,原告在公交站台候车,当其行至某一公交车后门时,被告彭宇第一个从公交车后门下车,原告摔倒致伤,彭宇将原告扶至路边,后与随后赶到的原告亲属一起将原告送至医院治疗。原告将彭宇诉至法院,认为彭宇撞倒了自己,应对其进行赔偿,但彭宇坚称自己是做好事。一审判决认定"原告系与被告相撞后受伤",裁判理由是:人被撞倒后,第一反应应是辨认相撞之人,在相撞之人逃逸时,被撞倒的人会呼救并阻止其逃逸。案涉地点决定了撞倒原告的人不可能轻易逃逸。而根据彭宇的自认,他又是第一个下车的人,故从常理上分析,彭宇与原告相撞的可能性较大。并且如果彭宇是见义勇为的话,他第一反应是帮忙抓住撞倒原告的人,而不是留在原地扶起原告,且在原告的家人赶到后,其也完全没有必要陪同将原告护送至医院。

彭宇案的判决在当时受到了报刊和网络舆论猛烈的抨击,人们普遍认为,这个判决中所谓的"依常理判断"实则经不起常理的推敲,法院似乎一屁股坐在了原告的一边,将凡是对原告有利的可能都解释为"常理",这一案件甚至引发了对跌倒的老人该不该扶的社会大讨论,也由此被人讥讽为该案使中国社会的道德水平退步了三十年。当然,亦有为彭宇案法官辩护者认为，该案主审法官的理论水平和能力也未必就是判决书里显示的那么薄弱，即使是文化、业务水平相对来说比较低的基层法院法官实际具有的分析论证能力也要比根据现有的判决书推断他们具有的能力强得多①。还有观点认为媒体、舆论对法官的批评并不公允，因为法官作出判决受制于时间、空间、信息来源、诉讼程序等多重因素，而媒体的报道则突破了这些限制因素，并且有了更多的资源和技术手段的辅助，因此其结论似乎显得更为合理（虽然不一定等于更接近客观真实）。但事实上，生活中大量案件的裁判结论都是法官在类似约束条件下作出的，如果都在以事后动用更多资源和技术手段获得信息的基础上来推翻这些案件的裁判，那么审判制度以及法律意义上的安定性又从何获得并得以维系呢？所以，该案的裁判仍不失为一种在法律专业圈子内有可能得到广泛认同的选项②。

  本书无意纠结于彭宇案的是与非，而只想简要分析下为什么彭宇案的裁判会备受社会的抨击。笔者认为，彭宇案之所以饱受争议，其根本原因在于该案中法官对案件事实的认定因缺乏沟通视角而背离了社会共识。从彭宇案的承办法官角度看，他对这个案件的处理并非没有认真运用包括自己司法技艺理性在内的个人理性，正如其辩护者所言，法官们的理论水平和能力也未必就是判决书里显示的那么薄弱，即使是文化、业务水平相对来说比较低的基层法院法官实际具有的分析论证能力也要比根据现有的判决书推断他们具有的能力强得多。法官由个人理性得出的见解之所以未能获得社会大众的认同，系因其个人理性严重偏离了社会的公共理性，就像抨击者所言，他"将凡是对原告有利的可能都解释为'常理'"。笔者并不怀疑这个法官是因为袒护原告而刻意以"常理"作为掩饰其偏袒行为的借口，这些其所谓的"常理"可能正是其内心认可的"当然之理"。但从"常理"这一词语的组成我们就可以看出，所谓常理，应当是公认的通常的道理，也就是说，常理能够

---

  ① 冯辉：《判决、公共政策与社会主流价值观——"跌倒争议案"的法理省思》，载《政法论坛》2012年第4期。

  ② 王亚新：《判决书事实、媒体事实与民事司法折射的转型期社会——南京市鼓楼区法院（2007）第212号案件（"彭宇案"）评析》，载《月旦民商法杂志》2009年夏季卷。

成立的标准应当是在公民群体主体间共享的。彭宇案法官的悲剧即在于,由于在判决前缺乏这样一个"主体间性"的检验视角,其无从发觉自己的个体理性与社会公共理性之间的差异,由此导致建立在其理性判断上的裁判结论的荒谬及贻笑大方。事实上,正如哈贝马斯所言,即便是一位如赫拉克勒斯那样的法官,也无法保证其个体理性始终可以与社会公共理性相贴合,其判断始终能契合社会常情常识常理,因为"赫拉克勒斯是一个孤独者,他的叙述是独白式的。他同谁也不交谈,没有任何对话者可以提醒他,他的经验和看法包含着不可避免的狭隘性"[①]。无论判决和法官的立场在个案视野下具有怎样的合理性,就判决应当是社会规范的指引这个层面而言,判决一定要经受得起人心和社会的考量。而要达到这样的效果,不能依赖个别法官经由慎思而形成的个别理性,而需要通过民众对司法过程的积极参与,通过不同社会成员之间经由反复商谈、博弈而形成的"交往理性",通过"官民互动"而达成的一致共识。事实上,从上述对"彭宇案"的辩护意见中已然可以看到在隔绝民意的诉讼程序框架内可获取信息的有限性,"从信息完备程度来讲,后者(引入民意)更为可取"[②]。但哈贝马斯认为通过舆论这种方式引入的民意是"偶然"的,可能会打破法律的"安定性",而这只是对获取民意方式的否定,换言之,如果民意能够"恒定""建制化"地进入审判场域,对法律的稳定性不产生根本性的破坏,那么这种民意的引入对司法的正当性就会起到一种正面的促进作用。

2. 公案二:许霆案

许霆案在我国同样是一个社会大众耳熟能详的"公案"。2006 年 4 月 21 日,许霆在某银行 ATM 机取款时,发现输入 100 元,ATM 机就会出款 1 000 元,而在账户上只会被扣 1 元钱。利用这一程序漏洞,许霆连续多次在该 ATM 机上取款 17.5 万元。该案在 2007 年 12 月经广州市中级人民法院一

[①] [德]哈贝马斯:《在事实与规范之间——关于法律和民主法治国的商谈理论》,童世骏译,生活·读书·新知三联书店 2003 年版,第 275 页。

[②] 王亚新:《"彭宇案"判决书事实、媒体事实与民事司法折射的转型期社会——南京市鼓楼区法院(2007)第 212 号案件评析》,载《月旦民商法》2009 年夏季卷。

审，许霆被判处无期徒刑。后在社会舆论的猛烈声讨中，该案在二审中由无期徒刑改判有期徒刑5年。

与彭宇案不同，在许霆案的处理中，并非法官恣意的"理性"引发民众的不满，大部分刑法学者都认为，从犯罪构成要件或刑法法理上看，一审将许霆案定性为盗窃罪，并没有明显的错误。从量刑方面看，在罪刑法定原则下，许霆案在法律上找不到从轻处罚的直接依据，一审法院的裁判已经选择了法定刑的下限①。而该案之所以可以在二审改判，是因为二审法院依据《中华人民共和国刑法》（简称《刑法》）的相关规定，报经最高人民法院核准才得以在法定刑以下判处刑罚。换言之，在许霆案中，为人所诟病的是裁判所依据的法律规则，即《最高人民法院 最高人民检察院 公安部关于盗窃罪数额认定标准问题的规定》出了问题。该规定将《刑法》第二百六十四条中盗窃公私财物"数额特别巨大"界定为"以三万元至十万元为起点"，由于该规定出台于1998年，这一犯罪金额的界定在当时看并没有明显的不妥之处，但在许霆案发生时，经过近10年国家经济的高速发展，这一规定已经严重滞后于当时的社会经济发展状况。这一规定的滞后性在许霆案中显得尤为扎眼。

多年来，以司法职业化为导向的司法改革所追求的目标，就是加快建立完善完备的法律体系，强化法官严格依法履行职责，进一步压缩约束法官的自由裁量空间，不客气地说，就是要把法官打造成一台不带个人感情和私人利益的审判机器。法官在这种制度约束下逐渐形成机械僵化的思维习惯及行动习惯，"法律上没有明确规定"，成为法官逃避责任、"明哲保身"的护身符②。严格的法条主义或程序主义确有其可取之处，如可以在一定区域范围内保障法律规则的统一使用，可以有效制约法官因个人私益而滥用自由裁量权，降低司法腐败的风险。但许霆案为打破这样的形式正义法治神话敲响了警钟。它表明，如果立法本身因缺乏商谈沟通而不具有合理性，形式正义司

---

① 苏力：《法条主义、民意与难办案件》，载《中外法学》2009年第1期。
② 冯辉：《判决、公共政策与社会主流价值观——"跌倒争议案"的法理省思》，载《政法论坛》2012年第4期。

法再对法律予以僵化的运用，那么这种形式主义司法不仅无助于司法公信力的提升，反而会进一步损害司法的权威。

3. 公案三：张学英案

张学英案因涉及"包二奶""小三"等敏感因素在当时引起了社会的广泛关注，又被称为"公序良俗第一案"。2001年4月22日，四川省泸州市黄某因罹患癌症去世。生前，他立下公证遗嘱，将其个人财产全部馈赠给同居情人张学英，由此引起原配夫人蒋某的强烈不满。张学英向当地法院起诉，要求依法继承黄某财产，蒋某与张学英对簿公堂。该案最终驳回了原告张学英的诉讼请求。

针对该案的裁判结果，不同群体间有着截然相反的看法。对裁判结果持否定态度的主要是法律界的专业人士。他们认为，本案涉及馈赠行为的效力问题，首先应适用《中华人民共和国继承法》（简称《继承法》）的规定，而《继承法》中遗嘱无效情形并不包括公序良俗原则，法官以公序良俗为由剥夺原告的继承权，违反了法律的明文规定。此外，该案的处理也与基本的法律精神相悖，无论是《继承法》还是本案所适用的《中华人民共和国民法通则》（简称《民法通则》），均强调私权神圣和意思自治，而非杜绝"第三者""包二奶"等社会不良风气，法官的首要任务也是通过个案实现公平，而非追求社会整体的公平。而民众对裁判的结果则普遍持赞同态度，认为"这个案子很好，震慑了'第三者'，端正了民风"，法院的判决在民众中受到了相当程度的欢迎[①]。

在张学英案中，民众与所谓"法律专业人士"认识上的"鸿沟"再次提醒我们，法律并不是一个封闭、自足的规则体系，司法裁判也并不是一个简单地运用三段论进行逻辑推理的过程，如果司法缺乏与民意的沟通进而不能反映出社会普遍共识，这样的判决很可能就会因缺乏合理性而不被民众所普遍接受。张学英案中，运用司法三段论的小前提是大体确定的，但大前提存在很大争议，即该案应适用《继承法》还是《民法通则》。根据《继承法》

---

① 杨仁智：《"公序良俗第一案"的评析与建议》，载《无锡职业技术学院学报》2018年第3期。

第十六条规定,"公民可以依照本法规定立遗嘱处分个人财产",结论自然是黄某的馈赠行为于法有据;而根据《民法通则》第七条规定,"民事活动应当尊重社会公德,不得损害社会公共利益",因婚外同居违反社会公德,由此导出的结论将是"将财产赠与非法同居者的遗嘱无效"。该案表面上处理的是一个法律大前提的选择问题,但对法律大前提选择的背后实则存在着两种互相冲突的道德主张:财产权利和婚姻道德,前者要求尊重财产所有人对财产的处分自由,后者要求尊重和维护"一夫一妻"婚姻制度,对该案的处理必然涉及对这两种权利、两种价值的权衡比较,这是不可回避的。而要选择更具合理性的大前提基础,不能依赖于法官"赫拉克勒斯"独白式的逻辑推理,只能把目光投向与整个生活世界的对话,从中寻找一个普遍的共识。社会大众是否普遍认同才是对案件处理是否正当、是否具有公信力最敏锐、最直观、最有效的感受器和测量仪。

(三)沟通理性对司法"潜规则"的制约

前文论证了单兵突进的司法职业化改革不能有效解决司法公信力下降的难题,因为在价值多元化的现代社会,包括司法权在内的公权力合法性的建立都不能脱离沟通理性的参与。对此,批判的观点认为,哈贝马斯的沟通理论学说系建立在对韦伯的"目的—工具"理性批判之上,当前,我国的司法尚未实现向现代专业型、职业型司法的转型,此时就谈论沟通理性之于我国司法的必要性,是不是超越了我国司法当前的历史发展阶段,有过于超前之嫌。本书认为,尽管当前我国司法离现代型的司法标准尚有不少的差距,但这并不影响我们对强化司法沟通理性的倡导,事实上,加强司法沟通理性建设,正可以为当前我国司法领域中存在的种种不符合现代司法规律的"潜规则"套上规范的"笼头",通过沟通理性的制约最大限度减少这些"潜规则"对司法公信力的损害。

1. 沟通理性对司法行政化的制约

司法的行政化或行政对司法的不当干预是制约我国司法向现代化司法转型的一个重大障碍,并被普遍认为是造成当前我国司法公信力低下的重要原因之一。其在现实实践中主要表现为①：

一是司法管理体制存在弊端。在司法实践中，上级机关、地方党政部门、社会团体以及有关人员干预司法的情况时有发生；而在当前的司法管理体制下，司法机关往往难以有效抵御这种干预，尤其是当干扰来自领导或其他强力机关。这一方面是由于一些法院的上级机关或主管、监督部门错误地理解和运用对司法工作的领导和监督权；另一方面，也是由于司法体制的地方化问题未能得到实质性解决，司法机关的人、财、物仍受制于地方党政，"人在屋檐下，不得不低头"。

二是司法权内部运行机制存在弊端。司法机关的内部管理及权能分配未能遵循司法的一般规律，仍具有显著的行政化特征。在审判权分配方面，审判委员会、院庭长与合议庭的关系不明晰，院庭长可以直接干预个案的审理，案件承办法官往往不具有最终的定案权。在这种机制的潜移默化下，一线审判法官也习惯于上缴矛盾，不愿意承担责任，尤其是面对重大、疑难、敏感案件的审理。这一方面不符合"让审理者裁判，让裁判者负责"及审判亲历原则等审判规律，另一方面，多头定案也严重影响了审判质量，且由于责任主体不明，相关权责利界定不清，错案追究责任也难以真正落实到位。此外，上下级法院的审级不清晰，仍然存在大量不同形式的内部请示汇报，导致部分案件二审变一审，破坏了审级制度的法定性、严肃性，更是严重损害了当事人的诉权。在司法管理考核方面，过分强调"数目字上的管理"，而忽视了司法的复杂性与案件的多样性，不科学的考核管理机制对司法行为造成扭曲，损害了司法公正。如有的法院为达成调解率指标违背自愿原则强行调解，为提高年度结案率指标年底突击结案、不收新案，等等。

三是司法资源配置不足。随着社会经济的快速发展，法院在解决矛盾纠纷、维护社会秩序及促进依法行政方面承担着越来越重的责任。与肩上越来越重的责任相比，法院手中的权力资源严重不足。权力责任配置的失衡，导

---

① 龙宗智：《影响司法公正及司法公信力的现实因素及其对策》，载《当代法学》2015年第3期。

致法院在履职过程中常常畏首畏尾，不敢放手展开工作。如法院在刑事案件审理中发现有的证据和法律适用有问题，但担心得罪纪检部门、公安、检察机关，不敢、不愿否认其工作成果，包括不敢排除非法证据，不敢作出无罪判决。再如法院对涉及本级政府的案件，往往难以作出否定政府决定、妨碍政府利益的决定。司法的权威性不足，也使得法院缺乏终极性解决纠纷的能力，导致现实中一些案件长期缠讼不决，甚至演化为涉诉信访案件。

四是司法机关内部的"官本位"导向。2014年3月两会期间，作为全国人大代表的时任北京市高院院长慕平曾感慨道："现在对于法官的管理，还是等同于对行政人员的管理，造成了当了法官还想当长官。""当了法官还想当长官"现象的出现，一方面系由于我国两千多年封建社会发展而造成的"官本位"思想的影响，"不论哪个时代，人们如何划分职业，结果有何不同，但有一点所有划分都不谋而合，那就是无一例外地把'官'放在第一位"，其结果是，"我们这个社会的各个行业都被行政级别所束缚，或者说，行政级别成了衡量人们社会地位甚至专业地位的唯一尺度"①。而另一方面则是由于法院的内部管理模式及资源的分配，都是借助行政职级制度来实现内部秩序的建构及控制。我国法官的薪资报酬、福利待遇和社会地位均取决于他们在法院里的行政级别，而不是他们的法官身份②。作为理性人，基于趋利避害的权衡，绝大多数法官自然会以"成为长官"作为自己的"奋斗目标"。这种"人人想做官"的心理必然会对司法的独立性、公正性造成损害。正如法谚所言，"法官除了法律外应该没有别的上级"，而当法官个体都有着"谋求进步"的心理，那么在面对服从法律、个人良知还是"听命于"掌握自己晋升命运的领导的选择时，自然会忽视法律、良知而选择服从于"领导"，这是法院内部上级可以干预下级、级别高的可以干预级别低的现象形成之心理动因。更为吊诡的是，即便是司法技艺精湛的精英法官，一旦被提拔到领导岗位后，就脱离了一线，脱离了亲自办案，至多只是听取案件汇

---

① 贺卫方：《运送正义的方式》，上海三联书店2002年版，第206页。
② 刘练军：《法院科层化的多米诺效应》，载《法律科学（西北政法大学学报）》2015年第3期。

报,旷日持久,其原本具有的司法经验和技能必然会蜕化,并且这种"蜕化"程度与其职务升迁的速度及管理工作范围的扩大成明显的正相关关系,但作为"上级领导",其在裁判中的"话语权"却随着职务的升迁而同步扩大,甚至可以决定一个法院甚至一个地区的"裁判尺度",这在某种程度上加剧了司法机关内部"外行领导内行"的趋势。

司法的行政化之所以被公认为不符合现代司法规律,其原因在于,司法的行政化不仅会造成"外行领导内行""领导拍脑袋决策"等现象,更为关键的是,司法的行政化意味着司法机关的行为模式与行政机关趋同,即以"目的功利性"目标而非社会公平正义作为自身行为的目标取向,而这些"目的功利性"目标往往瞄准的是一些短期的、局部的"利益"。以我们常说的"运动化司法"为例,"运动化司法"即是一种典型的司法行政化的表现,其在实践中通常表现为司法机关以效率为导向,严格贯彻落实上级制定的目标任务,突破甚至无视实体和程序上的法律规定进行所谓的"司法"。2019年,法院系统广泛开展 P2P 网贷案件治理活动。P2P 网贷指的是"个体与个体之间通过网络实现直接借贷","模式主要表现为个体对个体的信息获取和资金流向,在债权债务属性关系中脱离了传统的资金媒介"[①],其最初发端于美国,于 2006 年开始在我国兴起。由于 P2P 网贷大幅降低了信息不对称和交易成本,借款人可以获得比民间借贷更低成本的资金,投资人可以获得比银行存款更高的收益,切中我国传统金融机构服务深度和广度不足,无法满足中小企业融资需求,而金融消费者则缺少有效投资渠道的痛点,故 P2P 网贷模式一经引入我国便得到了迅猛发展,加之政府初期的鼓励性政策,不出几年,中国的 P2P 网贷在规模上已经超过了美国,成为具有代表性的互联网金融模式。但随着 P2P 网贷在国内的发展,行业不规范现象凸显,逐渐出现了资金自融、债权证券化、资金池、劝诱销售等一系列问题,在缺乏明确且有效的金融监管的状态下,平台"爆雷"、老板"跑路"现象开始大量涌现,严重威胁着国家的金融安全和社会秩序。2016 年 4 月,国务院出台并实施

---

① 易燕、徐会志:《网络借贷法律监管比较研究》,载《河北法学》2015 年第 3 期。

《互联网金融风险专项整治工作实施方案》，开始加强对 P2P 网贷行业违法违规行为的整治力度。此后，中央和各地方政府的监管政策和整治力度逐步加码。在上述背景下，江苏省委省政府在 2019 年作出开展 P2P 网贷风险专项整治工作的部署，提出要坚持以市场退出为工作主线，逐家落实整改要求，平稳出清不合规业务，逐步实现市场风险出清，防范化解重大金融风险。上述政策压力传导至法院后，江苏省高级人民法院随即提出以下针对 P2P 网贷纠纷案件的处理政策：一是立案部门暂停受理涉 P2P 网贷案件；二是对已经立案尚未审结的 P2P 网贷案件，暂停审理，等待省法院明确统一的裁判尺度；三是已经审结的 P2P 网贷案件，执行局要中止执行，并将执行依据重新审查；四是对经过审查，在 P2P 网贷纠纷中发现涉嫌"套路贷"违法犯罪的，及时移送公安机关。同时针对 P2P 网络仲裁案件提出"三个一律"要求：对 P2P 网络仲裁裁决向法院申请执行的，一律不予立案；已经立案的，一律裁定不予执行；因此提起执行异议、复议的，一律不予支持。在这一治理活动中，党政机关的有关政策作为政治任务在法院系统内部自上而下传导甚或层层加码，尽管作为裁判依据的法律法规并没有进行修订，但在治理活动开展过程中，针对涉及 P2P 网贷案件的裁判尺度已迥然不同于过往，完成上级机关交办的任务成为司法裁判所追求的首要目标。

要纠正司法行政化带来的弊端，当然离不开我们进一步加快符合司法规律的现代型司法的建设步伐，但这并不意味着我们必须在完成现代型司法的转型后再去谈论沟通理性。如果说一个高度具备技艺理性的司法过程不能必然保证判决的公信力，其原因在于，由于缺乏主体间性视角，裁判者的个体理性判断不一定符合公共理性和社会共识。那么对于司法的行政化而言，裁判者在"压力传导下"作出的裁判结果，事实上从开始就没有以追求公共理性和社会共识为目标，这一方面再一次印证了为什么司法的行政化更有损司法公信力的形成，另一个方面也说明了沟通理性在此阶段引入的现实可能性和必要性。如同制约裁判者个体理性，使其不偏离公共理性的轨道之原理类似，司法过程中沟通理性的强化也可以制约裁判者及裁判机关对局部利益、短期利益的追求，使其重回追求社会整体公平正义的正轨。

2. 沟通理性对"关系案""人情案"的制约

在我国,另一个严重影响司法公信力的"潜规则"是"人情案""关系案"。中国具有关系型社会、人情型社会的文化传统。关系社会的根本特质在于它是一种"差序格局"的社会。所谓差序格局是指以每个个人为中心,其社会关系向外呈放射性递减,越是靠近个人中心,其与个人关系密切度越高,越是远离个人中心,其与个人关系密切度就越低①。关系社会的基本逻辑或处世法则是差别对待原则,即对不同之人进行不同对待,绝不搞"一视同仁"。一般而言,以自我为圆心,获得最优对待的是家人或拟似家人,获得次优对待的是熟人,而对陌生人,则就公事公办没有优待了。甚至因为资源的有限,因优待了前者而只能薄待甚至恶待陌生人了。这种差别对待原则与西方文化中一视同仁的普遍主义伦理构成了鲜明对比,与现代的法治精神更是背道而驰。现代的法治精神是普遍主义的,强调"法律面前人人平等",不因人的身份、地位、性别、种族、价值观及与自己的亲密度不同而区别对待,这与关系社会特殊主义的基本逻辑恰恰相反。中国式关系在司法实践中集中表现在人们热衷于"拉关系""走后门",一旦与官司沾上边,当事人不是在证据上和法律上下功夫,而是到处找关系、托人求关系、花钱买关系。只要官司能赢,金钱、权力、同学、朋友、领导,所有的资源都要来个"总动员"。根据麦宜生的调研数据,有44%的受访律师认为与法官关系的好坏直接影响到案件的审判,而只有17%的受访律师认为关系的好坏与案件裁判的结果无关,由此可见这种关系干扰的普遍性。除了亲属、朋友这种横向关系外,关系对司法决策的"干扰"还来自法院上下级之间的纵向关系。法院上级对下级办案的干预除了明面上制度化的渠道外——如院庭长审批案件、审判委员会定案,更多是通过非正式、非制度化渠道进行的,如"某个领导要过问案件,他可能会把承办法官叫到办公室,说,某某某,这个案子你关注一下,一定严格依法办事。这听起来没问题,但是,细想想,案子这么多,为什么偏偏要你关注这个案子?实际上领导就是要你照顾这个案子。还

---

① 费孝通:《乡土中国》,北京大学出版社2012年版,第15页。

有时候，领导会用更巧妙的方式，比如叫承办法官去办公室，给承办法官一封信，是当事人的喊冤信或更高领导批示的信，承办法官就心领神会了"①。这种上下级关系事实上比亲友关系有着更强的影响力，因为普通法官的前途命运掌握在这些"上级"手中，对其存在一种强人身依附关系。

"人情关系"之所以可以影响部分案件的裁判，在于裁判者总是要用自己的主观能动性去填补刚性的法律与复杂多样的现实生活之间的"罅隙"，这种运用自由心证行使的自由裁量权为"人情关系"进入裁判场域提供了隐秘的"孔道"。对此，有观点认为，要杜绝法官对自由裁量权的"滥用"，其方法是要么进一步细化法律的规定，压缩法官自由裁量权的空间，要么进一步加强对法官的外部监督。本书认为，基于前文已经论述的法律以文字为载体而带来的与生俱来的局限性，法官对具体案件自由裁量的空间是必要的也是在事实上无可避免的，现实可行的路径还在于如何约束规范这种自由裁量权。而较之加强外部监督，更为有效的方法还是在裁判过程中通过强化司法的沟通理性来制约法官的"理性独白"。因为从外部观察者视角来看，法官的自由心证过程是一个无法窥探其秘密的"黑盒"，法官如何得出这样的裁判结论，这个结论是否中立无偏私，事实上从外部很难进行评判。而通过加强蕴含司法沟通理性的制度建设，将裁判过程建构为一个接近理想化的"参与—论证"样态，法官自由心证本身作为沟通过程的一部分必须向其他参与者展现以获得说服他人的力量，这从客观上可以起到对法官偏私的监督作用。

（四）当前司法沟通机制的匮乏

自2008年开始，我国的司法改革开始转向强调司法的人民性、能动司法理念以及倡导学习传统的"马锡五审判方式"，这表明政策制定者已然发现司法与民意缺乏有效的沟通是造成我国司法公信力低下的一个重要因素。当前我国的司法制度中缺乏有效的、可以实现司法与民意"沟通交流"的制度工具，由此导致政策当局的相关理念难以通过相关的制度实施传导到司法实

---

① 唐丰鹤：《现实主义视角下的司法决策》，法律出版社2018年版，第112-113页。

践中去。

1. 庭审中的对话不充分

在沟通理性视角下，法官虽是庭审程序的指挥者，但应将案件当事人及其委托的律师作为平等的商谈主体，秉承商谈的理念进行沟通交流。审判程序不应仅仅是强调法官优势或者说强势地位的"审"与"判"的程序，也应是法官与诉讼参与人彼此尊重，以同样的理性来充分表达其意见，以论辩的方式来取得共识的程序。

我国的诉讼传统一直有重审判权等公权力、轻诉权等私权利的偏好，强调法官对审判程序的主导权，这突出表现在庭审中法官习惯于通过询问而不是中立地听取当事人辩论意见的方式来掌控庭审节奏。这是一种较为典型的职权探知主义模式下的庭审方法①。我国《尚书·吕刑》有"师听五辞"的记载，意思即为裁判者要善于运用辞、目、耳、色、气，对诉讼双方的主张和举证内容进行确认，审慎查明其证据的证明力。我国古代民间社会对包拯、海瑞等法官形象的推崇，事实上也暗含对法官在洞悉事实真相、惩恶扬善方面超常询问智慧的钦佩与折服。1949年新中国成立至20世纪80年代，我国基本沿袭了苏联职权探知（纠问式）审判模式，由此进一步固化了法官询问等职权主义裁判方法、裁判传统。如在民事审判领域，在职权探知审判模式下，法院在民事案件审理中占据绝对的主动性和主导性。在裁判的事实根据上，法院的裁判可以不以当事人的陈述和提出的证据为根据，而完全以自己独立收集的证据为根据对案件进行裁判，并且在诉讼中可以不受当事人双方陈述的约束；在证据收集和提出方面，法院不只是简单地核查当事人提出的证据的事实性、可靠性，还要直接收集证据，可以在当事人主张的证据范围之外，依职权独立收集证据，而不受当事人主张证据范围的限制；在各种具体程序的启动和终结方面，法院具有主动性和决定性，如法院可以依职权主动开始执行、保全程序，并且法律明确规定执行的开始方式之一是以职权移送为主，当事人申请为辅。对原告申请撤诉的，法院拥有是否准许的决

---

① 朱福勇：《论民事法官询问范式及程序约束》，载《法学评论》2018年第6期。

定权。法院对民事诉讼的主导权还体现在对当事人处分权的干预方面，如，法院可以不受上诉人上诉请求范围的限制，对一审诉讼标的进行全面复审，当事人的上诉权仅仅是启动案件二审的程序性权利，而被抽离了上诉权中原本所应包含的对上诉请求范围予以限制等处分自由权。再如，依照当时的法律规定，当事人也不能通过双方协议在起诉前约定诉讼管辖的法院等等。

由于职权主义审判模式与改革开放后我国的社会经济发展状况不相适应，自20世纪90年代起，由最高人民法院主导发起了一场以强化当事人举证责任和庭审功能为重心的审判方式改革，目标直指"职权干预型"程序结构。1988年召开的全国第14次法院工作会议正式掀开了这次民事审判方式改革的大幕。会议上提出，审判方式改革的"中心工作"包括强调当事人的举证责任、调整调解与判决的相互关系等等。经过改革试点法院的实践检验，这次改革中的很多举措被吸收到了1991年修订的新民事诉讼法中。新民事诉讼法除了对法律编写结构进行了部分调整，并增加了一些非诉程序的规定（如公示催告程序、督促程序等）外，最大的亮点就是吸纳了一些弱化法院职权、减少法院对当事人诉权不当干预的规定，突出强调了当事人在诉讼中的主体地位[①]。在1991年新民事诉讼法颁行后，各地法院还根据当地具体情况进行了一些具有浓厚"当事人主义"取向的改革探索，如：第一，"强化"当事人的举证责任。改变过去那种由法院收集全部证据的做法，提倡在法院的指导下，当事人依法承担举证证明责任，当事人不举证或举证不充分的，依法承担败诉后果。第二，强化庭审程序。进行所谓的"一步到庭"改革，弱化法院的庭前调查环节，将需要进行庭前调查的案件局限为案情特别复杂的重大案件；改变以往"先定后审"的做法，强调法院在庭审中当庭对当事人的举证进行核实、质证和认定，法院根据庭审调查和辩论的结果，可以经合议庭合议后当庭形成意见，当庭进行裁判。第三，强化当事人的诉权。改纠问式审理为辩论式审理，强调法官的裁判权受当事人诉权的制约，尊重当事人在庭审中的主体地位和处分权能，强调定案证据需经当事人相互

---

① 张卫平：《民事诉讼基本模式：转换与选择之根据》，载《现代法学》1996年第6期。

质证、认证，引导当事人在庭审中相互辩论并在裁判文书撰写中体现出当事人的辩论意见。第四，强调合议庭和独任法官的职能。将过去由审判委员会、院庭长实际掌握的审判权放到合议庭，限定审判委员会研究案件的范围，原则上审判委员会研究案件只限于重大疑难案件。第五，强调公开审判。第六，实行审查立案与审判分离的制度。传统做法是审查立案与审判合一。立案工作没有专业化，导致很多本该立案的案件没有立，当事人告状难的状况[1]。这些在当时看来颇为大胆的改革举措有很多被后来的民事诉讼法修订及一系列司法解释吸收。时至今日，可以说，当事人主义的民事诉讼模式在我国已基本确立[2]。

我国民事审判方式由职权主义向当事人主义的转向，首先标志着当事人在诉讼中地位的转换。在职权主义模式下，当事人在诉讼中并不具有主体地位，当事人的诉权严重依附于法官的审判权，程序异化现象明显。这显然不利于对当事人权利的保护。在当事人主义模式下，在审判权与诉权这一对矛盾概念中，诉权处于矛盾的主要方面，审判权服从于诉权，当事人的意志对整个诉讼的发起、进展、结束起到决定性作用，整个诉讼程序围绕当事人的合意及对其对权利的处分而展开，当事人的主体地位重新得以确立。其次，在职权主义模式下，预设了公正结果是一个独立于审判过程的客观存在，有赖于法院的积极探求。法院对公正结果，也就是对客观事实和法律负责，整个诉讼过程也围绕此展开，而当事人的意志和诉讼行为只是一种可供参考的意见，对案件结果没有实质性影响，更不构成对法院或法官的现实压力或约束。当事人主义模式则为公正判决之取得添加了主体间性的向度，强调主体间的对话和商谈。当事人（代理人）亲自参与裁判过程，表达自己的利益立场和观点，是公正审理不可或缺的一环。并且，当事人的意见观点对于裁判过程及结果有着潜在的重大影响。最后，在职权主义模式下，法官可以依职权独立收集和提出证据，不受当事人主张范围的限制，由此使当事人的辩论

---

[1] 张卫平：《民事诉讼基本模式：转换与选择之根据》，载《现代法学》1996年第6期。
[2] 许可：《论当事人主义诉讼模式在我国法上的新进展》，载《当代法学》2016年第3期。

流于形式，成为一种摆设。故尽管实行职权主义的各国民事诉讼法几乎无一例外均规定了辩论原则以保障当事人辩论权的行使，但基于前述原因，职权主义模式下当事人双方之间激烈的言词辩论常常异化为一种"话剧表演"，形成所谓的程序"空转"。而只有在当事人主义模式下，在诉权能够对审判权形成有效制约的前提下，当事人对裁判程序的参与和"沟通"才能得到实质性展开，也才真正称得上"所有诉讼的参与者，都对一个从法官的视角来看有助于得到公平判断的商谈过程作出了贡献"①。

尽管我国民事审判方式由职权主义向当事人主义的转向在一定程度上增加了庭审的对话功能，但当前这种"沟通对话"仍然是不充分的，这在现实实践中尤为体现在庭审的形式化及庭审过程和裁判结论"两层皮"现象上。有学者论证，要使得庭审实质化地进行，需要诉讼体制满足以下条件：第一，法官对案件事实认定只能通过庭审形成，如果法官对案件事实的认定形成于庭审之前而非庭审之后，则意味着法官在开庭审理前对案件事实已经有了先入为主的定见，那么庭审只会成为法官和当事人按照既定剧本进行表演的舞台，而失去其实质性意义。第二，当事人在法庭上的辩论不仅要有针对性，要言之有物，更重要的是辩论结果要能够形成对法院认定事实和适用法律上的制约，否则辩论环节也会变得毫无意义。第三，合议庭或独任法官有权根据庭审情况独立对案件作出最终的裁判结论，而不是假手他人，层层汇报。第四，有合理的庭前程序为庭审作准备，并有其他相关制度配套，以此确保庭审高效、顺利进行②。而从我国目前的诉讼机制来看，其一，根据现行的法律规定，人民法院对于当事人及其诉讼代理人因客观原因不能自行提供的证据，以及人民法院认为审理案件需要的证据，应当依职权收集、调查。这个规定尽管考虑到了部分缺乏证据收集能力的当事人的客观需要，但法官在庭前亲自下场收集、调查证据往往容易使法官在庭审前即对案件事实形成先入为主的认识，其背靠公权力而具有的较强的证据收集能力也打破了诉讼双

---

① ［德］哈贝马斯：《在事实与规范之间——关于法律和民主法治国的商谈理论》，童世骏译，生活·读书·新知三联书店2014年版，第283页。
② 翁晓斌：《民事诉讼中庭审形式化现象探析》，载《法学》1998年第1期。

方当事人力量的平衡，特别是当收集、调查所谓审理案件需要的证据的范围大小完全取决于法官的自由裁量权。其二，在我国的民事诉讼中，辩论只是单纯被视为当事人的一项诉讼权利，对法官裁判案件并没有实质的约束力。"现行民事诉讼法关于辩论原则的规定只是规定了当事人有权对争议的问题进行辩论，却没有规定相应的法律后果，导致裁判中当事人'你说你的'，法官则'我判我的'，由此使辩论权的规定成为一句空洞的口号"[①]。其三，在当前我国的案件管理制度下，合议庭或独任审判员对其所承办的案件只有有限的定案权。实践中，即便是在强调"审理者负责"的法官员额制改革之后，各级人民法院仍不同程度保留了审判委员会在制度层面上定案的权力。并且，由于我国法院的管理具有鲜明的行政化管理特征，院庭长等法院"领导"可以直接干预具体案件的办理更是"心照不宣"的潜规则，因此"让审理者裁判、让裁判者负责"难以真正落实到位。其四，我国的民事诉讼法缺乏可以保障庭审有效和顺利进行的审前程序以及相关配套制度的规定。很多案件是在当事人双方互不了解对方掌握的证据资料、争议焦点尚未事先明确的情形下仓促进入庭审。并且，我国民事诉讼法允许当事人随时提出新的诉讼请求或改变诉讼请求，也允许当事人随时提出新的证据。如果当事人在庭审中突然提出新的诉讼请求或改变诉讼请求，或突然提出新的证据，则庭审往往因此而延期。当事人以此来拖延诉讼的现象在实践中屡见不鲜[②]。通过上述分析可知，由于庭审形式化等问题的弊端深深地根植于当前我国诉讼体制之内，其改变非一朝一夕之功，故这种阻碍当事人与法官"理性沟通"的现象或将长期存在。

2. 通过调解的司法沟通及其局限

有观点认为，通过调解制度可以实现司法与民意的有效沟通。调解被认为为案件当事人提供了判决之外的其他选项，当事人可以由此比较各种纠纷解决方式的利弊，因此实际上增加了当事人的"自由"，降低了当事人和社

---

① 张卫平：《我国民事诉讼辩论原则重述》，载《法学研究》第6期。
② 翁晓斌：《民事诉讼中庭审形式化现象探析》，载《法学》1998年第1期。

会用于解决纠纷的费用。对于司法机关来说，也可以从民众的自由选择中获得一些有效信息，以有针对性地进行改革和完善相应的制度①。众所周知，我国的法院调解制度发展历程经历了一个"V"形的发展态势。其最初发端于新民主主义革命时期，被视为可以有效解决纠纷、团结群众的司法手段，在审判中得到广泛运用。如著名的马锡五审判方式，其重要特征之一就是注重运用调解手段化解纠纷。新中国成立后，调解也一直是人民法院解决民事纠纷的重要手段之一。当时，法院承担着维护社会治安、保障社会稳定、宣传社会主义法制以及教育群众等多项职责，以说服教育为基本工作方式的法院调解，被视为比判决更有利于实现上述目标。1982年民事诉讼试行法更是明确将"以调解为主"确立为基本原则，调解结案率成为当时评价法官工作能力和法院工作成绩的重要指标之一。

20世纪80年代中后期，法院调解制度开始遭遇挑战。以司法职业化和程序规范化为目标的审判方式改革极大冲击了法院的调解制度。当时的举措包括：一是减少调解制度的使用，提倡开庭审理并作出判决；二是强调调解自愿原则，反对强迫调解；三是要求法官在查明事实、分清是非的基础上再行调解，不得"和稀泥"；四是强调及时调解，避免"久调不决"②。法院不再以调解结案率作为评价和考核法官的标准，而代之以当庭宣判率和裁判文书的质量等新考核评价指标。改革的转向使得法院的调解结案率急剧下降。20世纪80年代法院调解结案率平均可以达到70%以上，而到90年代末已经下降到40%左右，2002年更是进一步下降到31.9%③。法院调解制度日渐式微，逐步被边缘化。进入21世纪，法院调解制度作为可以体现"司法人民性"的司法制度，又迎来了新一轮"复兴"，特别是在2009—2010年，由于中央高层对调解工作的高度重视，调解案件数量产生了爆发性增长，在2010年实现了数量增幅达50%的超常规增长④。部分调解工作先进省份如河南省，

---

① 苏力：《关于能动司法与大调解》，载《中国法学》2010年第1期。
② 吴英姿：《法院调解的"复兴"与未来》，载《法制与社会发展》2007年第3期。
③ 以上数据见杨润时：《最高人民法院民事调解工作司法解释的理解与适用》，人民法院出版社2004年版，第236页。
④ 兰荣杰：《人民调解：复兴还是转型？》，载《清华法学》2018年第4期。

2009年民事案件一审调解和撤诉率达到了70.5%①。宋鱼水、陈燕萍等一批"调解高手"被作为全国优先法官的典型,有关事迹被深入挖掘、大力宣传。

调解制度尽管被人们普遍认为是一种司法方法,但事实上与传统意义上的司法程序相比,其遵循着不一样的制度逻辑。首先,调解制度重视"维稳"的政治目的,以"案结事了""有效解决纠纷"作为制度目标。与司法裁判以维护社会公平正义为根本目的不同,调解制度在我国诞生之初即带有团结群众、维护政权稳定的浓厚的政治色彩。调解制度在21世纪初迎来新一轮复苏,其直接原因也在于"追求'通过程序实现正义'的改革超出了社会的理解和承受能力,不仅没有带来司法公信力的提升,反而加剧了当事人与社会的不满,表现为涉法涉诉信访数量的急剧增加"②。人们开始认识到,司法不是万能的,而只是现代社会多元化纠纷解决机制中的一部分。面对当代社会更加纷繁复杂的矛盾纠纷,司法必须与其他纠纷解决机制相互配合,共同发挥作用。调解制度再次走上历史舞台,不仅寄托着主政者希望通过这种带有"人民性"特征的"司法方法"来重新平衡司法职业化改革"突进"对整个司法体系造成的影响,而且被寄望于能够有效扭转"涉法涉诉信访数量急剧增加"给社会稳定造成的被动局面。2011年1月最高人民法院颁布《最高人民法院关于新形势下进一步加强人民法院基层基础建设的若干意见》,在论述应如何在"调解优先、调判结合原则"下正确处理调解与判决的关系时,最高人民法院指出要坚持"三个有利于"的标准,即利于解决纠纷、有利于化解矛盾和有利于实现案结事了,根据个案情况,合理选择调解或判决。最高人民法院对调解制度的实用主义倾向由此可见一斑。

其次,"调解优先"背后所反映出的能动司法观意味着司法的内涵向社会管理延伸。"调解优先"等司法政策的出台使我们可以隐约窥见主政者思维中的能动司法观念。在能动司法观中,司法抛去了其中立性、消极性的功能定位,开始像行政权一样积极介入社会的管理创新:"法院要主动地发现

---

① 罗东川、丁广宇:《我国能动司法的理论与实践评述》,载《法律适用》,2010年第Z1期。
② 吴英姿:《"调解优先":改革范式与法律解读——以O市法院改革为样本》,载《中外法学》2013年第3期。

纠纷、预防纠纷、解决纠纷,而不能再满足于消极被动地等待案件的上门;法院要积极开展调研、建立纠纷预警机制、为党委政府决策献计献策、提供司法建议,而不能再满足于'裁判'这个狭隘的职能领域;法官要担负起治理社会、维护社会和谐稳定的'社会工程师'的职责,去主动开展调研、发现问题、研究对策,而不能再满足于做一个单纯适用法条的消极的裁判者。"①

最后,"调解优先"的司法政策使得政策考量成为司法决策的重要依据。传统意义上的司法程序坚持"以事实为依据,以法律为准绳"的裁判准则,对实证法的严格适用是确保司法确定性的重要因素。而调解制度"案结事了"的实用主义标准使得一些缺乏制度刚性的政策规定大量进入司法场域,成为司法决策的重要依据。诚然,这种实用主义倾向极大增加了决策的弹性,在一定程度上有助于裁判结论更为贴近社会现实;但它同时也消解了司法裁判的本质属性特征,使司法权成为只是披着"司法"外衣的行政权力的翻版。

综上,对调解制度的推崇看似是对司法裁判场域中增加"沟通"因素的一种"升级"——充分尊重当事人为了解决纠纷而进行的交涉及其最终达成的合意,但实则不然。调解制度下的"沟通",实质上呈现的是一种更为极端的策略行为模式,不仅诉讼当事人围绕着自身的利益去参与"谈判",甚至法官乃至司法机关在主持裁判时也预先有着明确的行为目的——息事宁人。诉讼的各方参与人与其说在进行一场"沟通",不如说是在进行一场"利益谈判"。由此问题转向,如果司法机关本身以尊重当事人的利益选择为目的而行事,能否在这一工具理性行为下构建起裁判的合法性。根据哈贝马斯的论述,司法权与行政权最大的不同在于前者遵循沟通理性,而后者遵循目的理性,"行政官员们要做的工作是以成本-效率方式来布置的。因为价值已经确定,行政就是以事实为取向的……对官员的裁量能力用公布的和一般的政策进行约束、由等级权威将其纳入一定结构,按照符合程序的方式加以

---

① 公丕祥.:《应对金融危机的司法能动(下篇)》,载《光明日报》2009年8月27日第9版。

实施，并且就它是否符合某种工具合理性范式进行审查"①。对工具理性的检验只能用其合不合理进行衡量，而无法直接评论其合不合法。由此可知，如果司法权按照工具理性的逻辑运行，其实质上就等同于行政权，而行政权的合理性保障则来自忠实地履行民主立法程序产生的实证法规定，而非广泛的自我授权、自由裁量。因此，调解制度类似行政权力的权力行使方式，与其不以实定法为依据而享有的广泛的自由裁量空间之间存在着巨大的张力，显然无法从中树立起令人信服的权威。

3. 裁判文书说理不充分

我国司法过程中的沟通有效性不足还突出表现在裁判文书说理不充分等方面。司法裁判的共识性真理特征决定了法官作出的裁判结论理由是否成立、是否合法、是否合理需要经受当事人及社会公众的检验。裁判文书即是法官主动向当事人及社会公众自证其裁判正当性的载体。它不仅要告诉当事人和社会公众对于特定的纠纷，其给出的判断是什么，而且要告诉他们，给出这一判断的理由。这就要求法官在裁判文书中进行充分的说理。由于裁判文书的说理兼具合法性论证和合理性论证两个层面的要求，故裁判文书说理通常要具备三个要素：一是要具备法条依据，即法官的论证引导要围绕着法律进行，在现有的法律框架体系内找到法条依据作为其论证基础，而不能只是进行泛泛而谈的道德论证或价值衡量。二是运用法学方法，即通过运用法律人共同体所普遍承认的法学方法，保证裁判结论与业内规范保持一致。三是要承担论证负担。当法官觉察现有的法律规定难以涵摄具体案件情形，需要超越法律规定去追求个案正义时，其有义务对其作出这一判断的理由进行严密的论证，以向当事人和社会公众说明其作出这一判断的合理性。

长期以来，我国司法裁判文书说理不足一直饱受理论界的诟病。其具体样态包括：一是对证据认定和采信缺乏充足的说理。对证据的认定和采信是法官认定事实和裁判案件的前提。虽然法官总是根据一定的规则、自己的审

---

① ［德］哈贝马斯：《交往行为理论（第一卷）》，曹卫东译，上海人民出版社 2004 年版，第 450 页。

判经验以及法律规定来对证据进行审查判断，但作为法官的一种主观思维活动，其需要在裁判文书中通过说理充分展示其对证据的分析、研究、思考和认定的全过程。但在实践中，在裁判文书中往往看不到对证据分析和认定的详细的说理，有的只是对证据进行简单的罗列和说明。对于各证据的证明力大小、证明标准和证据的采信标准、证据与待证事实之间的关系等内容，裁判文书往往语焉不详。二是对事实认定的说理论证薄弱。其具体又可细分为：①对当事人的诉讼请求笼统进行概括而不加分析，甚至故意遗漏对某项不合理诉求的阐述；②在事实认定中，对当事人特别强调的争议点或其与法院相左的观点，缺乏针对性的回应和分析；③习惯运用"三段论"方式进行事实论证说理，但很多推理逻辑不通、缺乏必要的连接点，推导过程不严密、不清晰；④对当事人举证责任的分配，缺乏详细的说理或说明；⑤当法官根据法律和司法解释的规定无法确定举证责任承担，而根据公平原则、诚实信用原则以及当事人的举证能力等因素确定当事人的举证责任时，不能展开详细论证①。三是对法律适用的说理论证匮乏。一个恰当的对法律适用方面的说理，应是在文书中对所适用的法律规范是什么以及为什么适用该规范进行阐释。但在实践中，有的法官只是将法律条文内容写在判决书中，未说明条文属于哪个法律规定；有的判决书在引用法律规定时，仅仅使用"依照相关规定""依照相关司法解释"等词语代替规范的条文引用。与上述对法律规范引用模糊、不规范的现象相比，更为常见的是裁判文书中缺乏对所引用法律法规的解释和说明。梁慧星教授曾指出"裁判文书的讲理，除了抽象的法律条文的解释，更主要是指对案件事实所适用的法律进行解释，这种解释不是对抽象法律条文的解释，而是根据个案事实将所使用了的法律原则和规则活化"②。我国的裁判文书普遍缺乏对法律适用的解释和说明，其表现为在裁判文书中通常只是简单地罗列法律条文，然后就开始套用相关的案件事实，至于这个法条在此处适用是否妥帖、该法条与其他法条是否存在矛盾冲

---

① 张润：《论民事判决书说理的充分化》，载《理论导刊》2016年第4期。
② 梁慧星：《裁判的方法》，法律出版社2003年版，第61页。

突或竞合、此法条和彼法条哪一个用在案涉情形中更为合理，均缺乏必要的阐明。四是缺乏对法官行使自由裁量权的说理。现代司法中，法官自由裁量权的行使无可避免，无论是在事实认定环节还是法律适用环节，都存在需要法官运用自由裁量权进行判断的空间。但自由裁量权的行使应有其边界，不能成为法官刻意扭曲法律、枉法裁判的工具。而对法官自由裁量权进行规范最有效的途径即是所谓的"心证公开"。在实践中，或许是由于南京"彭宇案"等案件的前车之鉴，为避免"言多必失"，法官通常不愿意在裁判文书中展示自己心证形成的过程。五是判决说理未理顺案件争议焦点、事实认定、法律适用间的有机联系。当前我国裁判文书僵化的结构设计使法官误以为只需要在文书样式的规定部分罗列主张与请求、证据与事实以及法律条文即可，缺乏对各部分进行整体统一的梳理和论证，由此导致争议焦点、事实认定、法律适用等相互之间在说理层面"失联"，各自相互独立，无法形成有机的联系。

　　细究我国裁判文书说理不充分现象形成的原因，除对裁判文书说理重要性认识不足等认识层面上的原因外，还可归结为以下几个因素：一是法官因"累"无暇说理。当前，"案多人少"矛盾在全国各级法院都有不同程度的存在，在东部经济发达地区法院及中、基层法院尤为突出。面对巨大的案件数量压力，法官难免会产生尽快将案件出手的心理，更倾向于格式化的文书写作，而不愿花费太多的精力对文书进行细心的打磨。二是法官因"怕"承担责任而不敢说理。裁判文书说理说多了，难免会产生纰漏，在现有的司法管理和考核机制下，这不仅会给法官造成工作评价上的负面影响，而且一些不理性的当事人在无法接受法院裁判结果时，往往会针对法院裁判文书中的裁判理由开展"挑刺式""恶意曲解型"对抗，由此，"多一事不如少一事""明哲保身"往往成为多数法官的选择。此外，法官的"怕"还包括一些法官对自身专业能力的不自信。三是法官不是最终的决策人，不"会"说理。法官员额制改革之后，各级人民法院仍不同程度保留了审判委员会乃至院庭长直接干预合议庭或独任审判员对案件处理的权限。经各方力量博弈后得出的裁判结论往往不是承办法官本人的意见，甚至与其本人的意见完全相左，要求承办法官就自己完全不同意的案件处理意见撰写出一份高质量的、论证合理充分的裁判文书，确是"强人所难"。

4. 司法公开的单向输出

当前含有"沟通"因素的司法制度还包括司法公开制度。《中华人民共和国宪法》（简称《宪法》）明确规定了公开审判的原则："人民法院审理案件，除法律规定的特别情况外，一律公开进行。"2018年修订的《中华人民共和国人民法院组织法》第七条规定："人民法院实行司法公开，法律另有规定的除外。"《中华人民共和国民事诉讼法》《中华人民共和国刑事诉讼法》《中华人民共和国行政诉讼法》等三大诉讼法中也均有审判公开的明确规定。除宪法和法律规定外，最高人民法院发布的政策性文件中亦有不少对司法公开制度的规定。1993年最高人民法院发布的《中华人民共和国人民法院法庭规则》，对社会公众旁听案件作出了规定。1999年颁行的《最高人民法院关于严格执行公开审判制度的若干规定》，允许公民凭身份证或有效证件旁听依法公开审判的案件，允许新闻记者旁听或以对法律自负其责的态度报道公开审判的案件。在最高人民法院出台的两个人民法院五年改革纲要中，落实公开审判原则均是改革纲要的主要内容之一。2007年6月4日发布的《最高人民法院关于加强人民法院审判公开工作的若干意见》，首次明确了人民法院公开审判工作的基本原则。2013年11月21日，最高人民法院公布《最高人民法院关于推进司法公开三大平台建设的若干意见》《最高人民法院关于人民法院在互联网公布裁判文书的规定》，就人民法院如何全面推进审判流程公开、裁判文书公开和执行信息公开三大平台建设提出了具体要求。

从法律法规对司法公开的具体要求看，依照时间划分，司法程序公开可分为事前公开、事中公开、事后公开。事前公开是指人民法院在启动司法程序前通过公告栏、宣传栏或者法院网站等媒介，公开司法程序的依据，各类案件的立案条件、立案流程，法律文书样式，诉讼费用标准，缓减免诉讼费程序和条件，当事人权利义务等内容，提示、引导、督促当事人和社会公众按照相关法律法规及政策行使权利和履行义务。事中公开是指人民法院在司法程序运行过程中及时将程序内容向当事人和社会公众公开，从而接受监督的诉讼行为。事中公开是司法程序公开的关键环节，其具体又可分为庭审公开和证据公开。庭审公开主要体现在以视频、音频、图文、微博等方式及时公开庭审过程。同时，允许社会公众持有效身份证件进入法庭旁听庭审，对庭审过程全程同步录音录像，最大限度向当事人和旁听群众展示庭审过程，增强庭审透明度。每年抽选一定数量的案件按照有关规定进行庭审直播、远程视频直播及远程审理等。证据公开要求做到举证公开、质证公开以及认证公开，除少数涉密证据外的其他证据都应当在法庭上公开质证，能当庭认证的尽量当庭认证。除法律、司法解释规定可以不出庭的情形外，证人、鉴定人应当出庭作证，否则证人证言及鉴定意见缺乏相应的证明效力。事后公开是指人民法院在司法程序结束后将司法程序形成的结果向当事人和社会公众公开的活动。事后公开包括公开宣判审判结果，也包括裁判文书说理过程公开。公开宣判是一种法定的司法公开程序，依照法律规定，人民法院作出的所有案件裁判都必须经过公开宣判程序才能生效。裁判文书说理过程公开，是指裁判文书应当全面准确表述当事人的诉辩意见、证据的采信理由、事实的认定、适用法律的推理与解释过程，强化裁判文书对法官重大程序处置行为记载的全面性，实现心证公开。针对我国司法裁判文书说理性不强的缺陷，党的十八届三中全会作出的《中共中央关于全面深化改革若干重大问题的决定》，将"增强法律文书说理性，推动公开法院生效裁判文书"确定为健全司法权力运行机制改革的重要内容。同时，进一步加强司法裁判文书上网工作，除涉及国家秘密、个人隐私的，涉及未成年人违法犯罪的，以调解方式结案的，以及其他不宜在互联网公布的4种情形外，人民法院的生效裁判文书按规定一律应当在互联网公布。目前，中国裁判文书网与各高级人民法院裁判文书传送平台已实现全国联网①。

通常认为，司法公开制度是遏制司法腐败、保障司法公正、树立司法权威的一剂"良药"。首先，司法公开能够促进司法公正。所谓"理不辩不明"，司法作为解决各种矛盾纠纷和维护社会公平正义的最后一道防线，只

---

① 江必新、程琥：《司法程序公开研究》，载《法律适用》2014年第1期。

有公开才能使诉讼当事人充分阐述其主张和理由，通过双方公开的辩论将纠纷的是非曲直呈现在法官及民众面前，由此帮助法官充分地了解案件事实和双方的争点，在此基础上依法行使裁决权，最终实现社会正义。其次，司法公开能够确保司法机关依法独立行使国家审判权。审判独立是司法权行使的一般规律，是建立现代型法治国家的基础。我国的《宪法》亦明确赋予了法院独立行使审判权的权能。现实中，对法院独立行使审判权危害最大的莫过于行政权对司法的不当干预，司法公开将司法活动置于阳光之下，可以有效抵御行政权力等外部因素对司法过程的干扰，由此保障了审判权的独立行使。最后，司法公开有助于取信于民，树立司法权威。司法公开可以让当事人了解案件审理的全过程，了解裁判作出的根据和理由。当事人和社会公众对司法的不信任很大程度上源于其对司法工作的疏离和不了解，通过司法公开可以为当事人和社会公众打开了解司法的"窗口"，使司法过程摆脱暗箱操作的嫌疑。并且这种司法过程的公开透明可以有效防范金钱等外部诱惑对裁判者的腐蚀，确保裁判者公正裁判，进而有助于司法权威的建立和司法公信力的形成[①]。

　　本书也认同司法公开对提升司法公信力有一定的助力作用，但从沟通理论的视角分析，司法公开属于一种单向的输出而非双向的"交流"，难以承担起作为沟通司法与民意的桥梁和纽带的重任。首先，从现有的司法公开举措看，其都着眼于由法院向当事人及社会公众进行单向的公开展示，而缺乏当事人及社会公众向法院进行反馈的机制。当然，笔者也承认这种单向的信息输出对法官也能起到一定的监督制约作用，法官会顾忌司法公开后可能在社会公众中引起的反响，但这种"顾忌"只是法官与其假想的社会公众间的一种"模拟"对话，并非真正民意的反映，无法实现社会民意共识对法官"个人理性"甚至"权力任性"的制约。其次，由于司法公开后缺乏建制化的反馈渠道，也容易引发社会上一些不必要的误解，甚至演化为破坏社会安定和谐局面的公共舆情。如2021年的"灌南女辅警敲诈勒索案"，其导火索

---

① 王晨光：《借助司法公开深化司法改革》，载《法律适用》2014年第3期。

即源自司法裁判文书的上网。最后,当前所谓的司法公开还是一种有选择的公开,存在避重就轻、装点门面之嫌。如对于司法程序事中公开,诸如案件请示汇报、合议庭合议案件、审判委员会对案件的讨论等司法权行使的关键环节往往被排除在可以公开的事项之外。

(五)"舆论审判"对司法审判的影响及潜在危害

尽管从制度层面上看,司法公案背后的社会舆论对司法裁判并无直接的约束力,但从司法公案的判决结果看,其大都在不同程度上受到了舆论的影响。根据学者周安平对"许霆案"等 10 个较为典型的司法公案进行的研究①,在 10 个公案中,除了极少数案件完全没有采纳公共舆情的意见外,绝大部分案件的判决都在不同程度上"听从"了舆论的"呼吁"。

有学者将司法公案引发的涉诉舆情也理解为司法与民意的一种有效"沟通"方式,认为其有助于在客观上推动司法判决社会效果与法律效果的统一②。还有学者认为,司法机关在办理案件时,必须将公共舆情纳入考量范围。在案件遭遇公共舆情时,法官要注意倾听各方的陈述,在充分把握案情的基础上,以真诚的态度作出回应,这样就能把握舆情的主动权,并且有助于帮助法院树立良好的形象③。本书对上述观点持有不同意见,理由是:首先,司法机关对公案舆情的应对是一种典型的目的行为模式而非沟通行为模式。司法机关对舆情案件的高度重视实际上与我国当前面临的巨大的社会维稳压力有关。自 20 世纪 90 年代中期以来,中国驶入了经济发展的快车道,市场化取向的改革不断向纵深发展。但同时,许多深层次的社会矛盾也在不断积累和暴露,最终汇集成为以"信访洪峰"为表征的社会稳定问题④。一

---

① 十个案件分别为:张学英继承案、许霆案、南京彭宇案、杨佳案、杭州飙车案、邓玉娇案、李刚案、药家鑫案、李昌奎案及天价过路费案。参见周安平:《涉诉舆论的面相与本相:十大经典案例分析》,载《中国法学》2013 年第 1 期。
② 孙彩虹:《网络舆情之于司法审判:冲突与优化》,载《河南大学学报(社会科学版)》2015 年第 5 期。
③ 孙逸啸:《网络舆情与司法行为的博弈分析》,载《法制与经济》2017 年第 4 期。
④ 应星:《中国社会》,中国人民大学出版社 2015 年版,第 229 页。

方面，全国集体上访数量自1992年以来持续上升，另一方面，作为体察社会尖锐矛盾敏感信号的群体性事件，表现出数量扩大、规模增加、行为激烈、对抗性强等特点。在空前的社会稳定压力下，维稳工作地位迅速上升，成为政府的一项中心工作。而基于政法传统的逻辑，法律治理也迅速构成"维稳政治学"的一个环节。当舆情关注某个案件，并引起强大的"民意"声势时，领导司法机关的决策者首先考虑的并不是这个案件如何裁判才是符合法律和程序的，也不是真正关心如何才能实现民意的输入，做到情理法的融合，而是法外的政治因素，如"社会稳定""社会影响""政权公信力"，以及是否会引起其他突发性事件等等。这也解释了为什么有舆论介入的案子，案件的判决结果几乎一边倒地顺从了舆论。有学者一针见血地指出，公案频出并演化为一个个社会事件并非司法公信力重构的典型正面样本，更像是传统民间社会所谓"把事情闹大"的诉讼习惯的延续。在封建时代，小民百姓势单力薄，如若与"假冒公府名势"的被告单打独斗，是自不量力、自取灭亡的，只有采取"小事闹大"的策略，耸动官府，让官府重视，才有借势取胜的可能。通过考察传统中国的司法实践的历史，可以发现，古代地方官最担心的事情，既非税收和荒政，也非审理普通民事案件，而是侦破和审理命盗重案与解决"民转刑"的案件，诸如聚众告状、集体上访、村族土客之间的械斗等。一旦这些问题闹大，成为群体性事件，轻则地方官会受到训诫，重者甚至有可能被摘掉"乌纱帽"，故而，地方官员对此一般是不敢掉以轻心的[①]。其次，在舆情审判中，民意会受到大众媒体等外在因素的扭曲。在现代社会，大众传媒与民意之间具有复杂的关系，大众传媒一方面是民意的传播"喉舌"，另一方面也能够"形塑"所谓的民意。哈贝马斯对大众传媒在"沟通"中的扭曲效应一直持高度警惕态度，他认为"现代大众传媒不仅能够吸引公众的注意力，而且能够从中建构出'公共权威'。随着现代传媒传播技术的发达，民意被这些传媒操控得也越来越彻底，理性—批判的公共

[①] 徐忠明：《小事闹大与大事化小：解读一份清代民事调解的法庭记录》，载《法制与社会发展》2004年第6期。

领域被消解于无形"①。"透过大众传媒及公关的操作,让政党、政治人物或一些议题取得公众的名声及民众的认同,已使得理性辩论的、批评的公共性,被转化为形象操弄的表演和管理的整合原则,公众成为政治人物操弄的客体。在这种扩大的公共领域面前,公共辩论不再具有它凝聚民意的功能,只是表达不同的劝服诉求;协议本身变成了摆设。为了发挥展示的功能,公共性失去了其批判的功能,甚至争论也蜕变为象征,认同它们"②。典型如哈尔滨"六警杀一人案"(2008年10月11日六名警察打死一个学生案件)在网络上传播之后,出现了三个"大急转"。一是10月12日,网民一听警察打死人,就一致抨击警察;二是10月16日,网络传播消息说死者是哈尔滨高干子弟,于是民意一边倒抨击死者活该;三是10月19日事实澄清之后,网络民意再次回转到对警察的抨击。民意在如此短的时间内发生如此多次的反转,一方面说明了民意本身的非理性、易变性,另一方面也可以看出大众传媒是如何轻易地通过对案件事实的剪裁加工来实现对民意的引导、掌控。最后,在有意或无意的错误引导下,群体容易作出非理性预测,并表现出"群体极化"特征。社会大众以群体面貌出现而表现出的非理性特征一直是群体心理学领域研究的热门课题,其中又以古斯塔夫·勒庞的研究最为人所知。他在《乌合之众:大众心理研究》一书中指出,孤立的个人很清楚,在孤身一人时,他不能洗劫商店或焚烧宫殿,面对这样做的诱惑,他很容易理性地予以抵制。但当他成为群体一员时,这个群体就会使他产生远超出平时的胆量和力量,这足以让他生出杀人劫掠的念头,并且会立刻屈从于这种诱惑,不管多大的障碍都会被这种狂暴的力量摧毁。这种"群体极化"现象还表现在,群体在对某一问题进行讨论之后,该群体往往会做出比讨论前的任何一个成员观点都更加极端的决定。可能正是看到了这种潜伏在社会公众群体中的"非理性"力量,哈贝马斯从不主张以民意来直接决定政治权力的行使,

---

① 王榕、辛军:《哈贝马斯论大众传媒功能的变化》,载《山东大学学报(哲学社会科学版)》2003年第4期。

② 张学标、严利华:《大众传播媒介、公共领域与政治认同》,载《新闻与传播评论》2009年第0期。

"在公共领域中,行动者获得的只能是影响,而不能是政治权力……只有当这种舆论政治影响通过民主的意见形成和意志形成过程的建制化程序的过滤,转化成交往权力,并进入合法的立法程序之后,才会从事实上普遍化的公共意见中产生一种从权益普遍化的角度出发得到了检验、赋予政治决策以合法性的信念"①。从我国当前的舆论审判现状看,民意发挥的不是哈贝马斯沟通理论中所设想的对公权力决策的"影响力",而是在"维稳"的社会背景语境下,通过舆论对国家权力机关进行的施压。民意与司法所谓的"互动",不是基于共识的达成,而是变成一场"赤裸裸"的力量对抗。在这样的互动模式下,如果代表"民意"的一方最终获胜,难免不会被学者讥讽为"民粹主义司法"②。

综上可知,由于包括司法调解、司法公开等建制化的制度工具均无法有效承担起"沟通"司法与民意的重任,而"舆论审判"貌似打开了一扇司法与民意"商谈"的大门,实则更像是一出民粹主义的闹剧,故要探寻真正有效的、可以承载司法沟通理性的制度工具,还需要我们将目光回转至人民陪审制度,通过进一步优化其制度设计、去除阻碍其功能发挥的体制机制障碍,使其回归司法过程中的公共领域这一本来面目,切实承担起沟通民意与司法的历史性重任。

---

① [德]哈贝马斯:《在事实与规范之间——关于法律和民主法治国的商谈理论》,童世骏译.生活·读书·新知三联书店2003年版,第459页。
② 刘练军:《民粹主义司法》,载《法律科学(西北政法大学学报)》2013年第1期。

五、沟通理性视域下人民陪审制改革的方向与重点

根据前文的论证，人民陪审制应当定位为司法过程中沟通社会与司法的公共领域，这不仅与陪审制在历史上所起到的作用及当代主要实行陪审制度的国家对陪审制度的功能定位相契合，而且能有效弥补当前我国司法过程中沟通理性不足的缺陷，提升司法的权威和公信力。

（一）强化人民陪审员的代表性与参与度

1. 人民陪审员代表性不足的弊端

广泛接纳社会各阶层人员作为陪审员参与司法，是陪审制度实现其公共领域职能定位的前提。而从当前人民陪审制的实际运行情况看，人民陪审员代表性不足是一个长期存在的问题，必将严重制约人民陪审制在公共领域作用的发挥。当前导致人民陪审员代表性不足的原因包括：

首先，社会民众对人民陪审制认知不足。尽管人民陪审员制度在我国已经有几十年的历史，但由于宣传不足以及陪审制度在实施过程中始终没有发挥出应有的价值和功能，社会民众对陪审制度的知晓程度较低。前文引用的成都市武侯区人民法院的实证调研数据对此已进行了充分印证，在此不再赘述。社会公众对人民陪审制的"漠视"，势必对社会各阶层人员作为陪审员积极参与到司法审判中来造成负面影响。并且，由于对陪审制功能定位尚未形成社会共识，即便民众作为陪审员参与到审判中来，也难以使陪审法庭发挥出应有的作用价值。

其次，法院主导陪审员的遴选、使用并掺杂其利益偏好。2004年《决

定》规定,符合人民陪审员任职条件的公民,不管由本人提出申请担任陪审员还是由组织推荐,都要由基层人民法院会同同级人民政府司法行政机关进行审查,并由基层人民法院院长提名,报请同级人民代表大会常务委员会任命。从新一轮陪审制改革前人民陪审制实际运行情况看,人民陪审员遴选的实际权力事实上掌握在法院手中。正如前文所论述的,由于法院多年来一直深受案多人少矛盾的困扰,并且系统内部还有结案率、错案追究等一系列考核管理指标的约束,故当陪审员选任的权力掌握在法院系统手中时,其难免在选任陪审员时掺入自身的利益考量,将那些个人素质高,特别是服从法院管理的人员选任充当陪审员,形成所谓的"陪审员精英化"现象,进而难以体现人民陪审员来源的广泛性。而在人民陪审员使用方面,2004年《决定》规定,基层人民法院应当通过在人民陪审员名单中随机抽取的方式确认参加合议庭审判的陪审员。中级人民法院、高级人民法院应当在所在城市的基层法院的人民陪审员名单中通过抽取方式确定人民陪审员参加合议庭审判。同样,由于对陪审员使用的主导权掌握在法院手中,并且缺乏相应的配套措施,这一随机抽取方式在现实实践中往往难以落到实处。法院出于方便陪审、节约培养成本等功利化理由,会反复选择那些熟悉的、时间有保障的人员参加庭审,形成所谓的"陪审员专职化"现象。

最后,任期制的规定客观上降低了民众参与审判的广泛性和普遍性。无论是英国、美国等实行陪审团模式的国家,还是新兴的日本等实行参审制模式的国家,陪审员的随机抽选机制都是建立在"一案一选"基础上的,即每个适用陪审制度审理的案件,都会随机从陪审员名单中甚至选民名单中抽选陪审员,在案件审理结束后,陪审法庭即告解散。如美国的陪审制,其会先从选民登记名单中抽选出一定数量的候选人,然后在指定的期日由当事人双方律师或控辩双方对候选人再次进行遴选,通过有因回避及无因回避等程序最终确立个案陪审员[①]。这种一案一选的抽选机制一方面可以让更多的普通民众参与到审理程序中来,另一方面可以通过不断更新陪审员,避免陪审

---

① 胡云红:《论我国人民陪审员选任机制的完善》,载《政治与法律》2017年第11期。

重复参与案件审理，沦为法院的附庸或"编外法官"。美国的统计数据显示，进入 21 世纪以来，美国每年适用陪审团审理的案件约有 15.4 万件，每年发出陪审传票约 3 200 万张，有 800 万人到法院作为陪审团候选人参与陪审团成员的遴选，有 150 万人被选任为陪审员。一生中至少担任过一次陪审员的人占到美国成年人总数的 29%。我国的人民陪审制采取的是五年任期制，这意味着人民法院五年内审理的适用陪审制度的案件都是在固定数量的陪审员中进行选取的，这不利于让更多的社会民众参与到陪审制的实践中来。以北京市海淀区为例，海淀区人民法院现有人民陪审员 666 人，只占到该区常住人口总数的 0.019%。2014 年至 2016 年 6 月 30 日，海淀区法院适用陪审制审理的案件数为 20 389 件，在这两年半的时间里，假设每个案件的合议庭按照"二审一陪"模式配置，这 600 余名陪审员人均审理案件数将达到 30.61 件；如果每个案件合议庭按照"一审二陪"模式配置，人均审理案件数量还将再翻一倍，基本上每位陪审员平均每个月都要参与一到两个案件的审理，这难免使其重新陷入"编外法官"的窠臼①。

2. 新一轮改革强化陪审员代表性的举措

对人民陪审员产生方式进行改革是新一轮改革的重点环节之一。《人民陪审员法》第九条规定，司法行政机关会同基层人民法院、公安机关，从辖区内的常住居民名单中随机抽选拟任命人民陪审员数 5 倍以上的人员作为人民陪审员候选人，对人民陪审员候选人进行资格审查，征求候选人意见。《人民陪审员法》的规定从根本上改变了以往陪审员主要通过组织推荐和个人申请方式产生的做法，其随机抽取的办法有利于保障陪审员的独立性，亦与世界各国选任陪审员的通常做法相接轨，无疑具有进步意义。但从该条以及第十条"会同基层人民法院"的规定看，仍为法院主导陪审员选任留下了空间，进而有妨碍陪审员独立性形成的潜在危险。将《人民陪审员法》第九条和第十条结合起来看，对人民陪审员的选任要经过两次随机抽选，先是抽选拟任命陪审员数 5 倍以上的人员作为候选人，再从中抽选适格人员。这个

---

① 胡云红：《论我国人民陪审员选任机制的完善》，载《政治与法律》2017 年第 11 期。

"5倍"的要求依据是什么不得而知，并且数量过低，并不足以体现陪审员选任的代表性。例如，在德国，其法律规定，各市镇每4年应当造具陪审员候选人名册，候选人名册的提名比例应当占该市镇居民的0.3%①。为陪审员选任设立候选人名册，其目的是将不具备资格条件的公民排除在正式抽选的名单之外，并且预设了不具备资格条件的人数众多。但从陪审制作为公共领域的功能定位看，应该探讨设立只须排除特定人群的当然陪审员制度，凡是具有选民资格、未被剥夺政治权利、有正常语言表达能力的公民均可作为陪审员候选人选②。由此，上述两个抽选程序完全可以合二为一。此外，值得关注的还有人民陪审员抽选的应召率问题。民众认不认可、接不接受、愿不愿意担任陪审员既决定了新的改革举措能否落实到位，也决定了人民陪审制度能否获得长远的可持续发展。《人民陪审员法》规定参审既是公民的权利，又是公民的义务，但并没有规定公民的强制陪审义务。其第九条还明确规定，对人民陪审员候选人进行资格审查时，应征求候选人意见。如何尽可能让候选人自觉自愿参加陪审，提高随机抽选的应召率，已经成为《人民陪审员法》出台后法院所面临的现实问题。不少法院反映在征求人民陪审员候选人意见时，不同意担任人民陪审员的比例较高。因此，为了确保可以遴选到符合法定名额要求的人民陪审员，不得不尽可能放大人民陪审员候选人的基数，或者进行反复抽选。

《人民陪审员法》再次确定了在具体案件中使用陪审员应采取"随机抽取"的方式。这一规定同样面临着能否真正落实的考验。并且，待抽选的陪审员人数并不充足。依照新规定，陪审员的名额数不低于本院法官数的3倍，而在实践中，这些陪审员又会被划归到刑事审判庭、民事审判庭和行政审判庭，分到每个审判庭的陪审员数量更少。在陪审员数量不足的情况下，所谓的随机抽选最终还是会演变成变相的指定或轮流安排，重回"陪审员专职化"的老路。

---

① 牛建华、刘峥、雷鸿：《德国"荣誉法官"制度评介及其思考》，载《法律适用》2011年第12期。
② 刘方勇、周爱青、孙露：《人民陪审员遴选机制改革与立法评析》，载《中国应用法学》2018年第4期。

3. 提升陪审制度社会参与度的改革构想

为将人民陪审制打造成真正的可以实现"公共对话"的司法沟通场域，需要最大限度地接纳社会各阶层人士广泛参与。而要实现这一目标，可以从以下几方面着手：

一是提高人民陪审制的社会认知度。要想实现社会群众对人民陪审制的广泛参与，首先需要社会群众全面、系统地了解人民陪审制。如果广大人民群众对该制度没有全面、系统的了解，就不可能真正地去拥护它，进而参与进来。因此，要广泛地开展对人民陪审制的宣传工作，使每一位公民都认识到这项制度的价值、功能、作用机理以及其对社会的影响。只有建立在坚实的群众基础之上，人民陪审制才会真正得到认同，并从而得以有效实施。在当前我国已步入信息社会的背景下，对人民陪审制的宣传可以借助多种信息媒介，尤其是要注重发挥微博、微信等新媒体平台的作用，通过多渠道、多面向、多角度的长期、反复宣传，使陪审制度的相关理念渗透到每一个公民的意识之中。

二是缩短陪审员任期或直接取消任期制。我国陪审员的任期长达5年，且人员流动性差，由此导致可以担任陪审员的人数非常有限，这与陪审制让尽可能多的社会民众参与案件审理的目标相悖。我国作为拥有14亿多人口的大国，经过2014年"倍增计划"，全国人民陪审员总数也不过22万人左右，仅占国民总人数的0.016%。按照五年任期制，即便经过10届50年选任，担任过人民陪审员的人数占全国人民总数的比例也不过0.16%[①]。反观之，美国国民在一生中有过一次担任陪审员经历的比例达到29%。两相对比，任期制对民众广泛参与陪审制度之影响可见一斑。故本书主张，未来的人民陪审制改革可以取消任期制，或将5年任期缩减为1年，以使尽可能多的民众参与审判，实现陪审制作为公共对话平台的职能定位。

三是扩大随机抽选人口基数。《人民陪审员法》规定了人民陪审员产生过程中的三个"随机抽选"，先是按照拟选任人民陪审员名额数5倍抽选候选

[①] 胡云红：《论我国人民陪审员选任机制的完善》，载《政治与法律》2017年第11期。

人,然后在候选人中抽选人民陪审员,在具体案件审理中,对陪审员的确定亦要经过"随机抽选"。"随机抽选"制度减少了"人为操纵"的空间,在一定程度上保障了人民陪审员行使职权的独立性。但是,如前文所分析的,如果可待抽选的人口基数过小,就丧失了"随机抽取"的意义。故要使"随机抽选"机制能够真正奏效,应扩大随机抽选的人口基数。如在第一个抽选环节,即确定人民陪审员候选人环节,5倍于人民陪审员名额数的候选人数显然过少。当然,这一数字的确立可能是考虑到了对人民陪审员资格审查工作量的巨大,但正如前文所言,对陪审员资格条件的"低门槛"是现代陪审制度发展的趋势和方向,凡是具有选民资格、未被剥夺政治权利、有正常语言表达能力的公民事实上都可作为陪审员候选人。故建议对陪审员资格的设定进行去繁就简,甚至可以完全取消候选人抽选环节,直接从符合陪审员任职资格条件的全体公民中通过海选方式选取参与某一具体案件审理的人民陪审员,以最大限度体现社会的广泛参与。

四是设立专门的陪审员管理机构。《人民陪审员法》颁行后,有关人民陪审员的工作内容更加繁杂,工作任务更加繁重,需要由专门的机构和专职人员专司其职。而从前文的分析看,这一管理机构不宜由法院来承担。如果继续由法院作为人民陪审工作的管理机构,其大概率会延续以往的老路,在工作中自觉或不自觉掺杂部门利益,进而不利于人民陪审员独立行使参审职权,阻碍人民陪审员随机抽选等机制的有效落实。本书认为:这一专职机构设在地方人大比较适宜,地方人大作为地方最高权力机关,不仅有立法权,还有监督本级人民政府、人民法院和人民检察院等部门的监督权,在协调公安机关、司法行政机关、检察机关等职能部门上具有优势。并且由于在现行机制下人民陪审员亦须经由地方人大任命,故在人大设置专职的陪审员管理机构,亦便于对陪审员候选人进行资格审查,排除掉不宜担任陪审员的人选。

(二) 鼓励陪审员用朴素的正义观和日常社会经验参与司法

1. 现实实践对人民陪审员法律素养的强调及其弊端

人民陪审制作为司法过程中的公共领域,决定了其用于沟通的工具是日常话语而不是法言法语。因为陪审过程不是一个法律辩论的过程，而是在一个对话情境中，所有的参与者通过公开的、自由的和真诚的讨论获得一个大家认可的结论的过程。在这个过程中，个体自身作为理性反思主体，可以结合自身的生活经历、知识背景和道德观念等检验特定法律规范适用于某一具体案件的合理性与可接受性①。

由于对人民陪审制功能定位及作用机理存在认识上的偏差，法院常常自觉不自觉地以职业法官的标准看待陪审员，认为陪审员亦应具备相当的法律知识和法律素养，甚至将陪审制形式化运行归咎为"很多人民陪审员法律知识、专业知识还没有达到能够参与正常的法庭审议案件的素质和水平"。由此，对陪审员进行法律业务培训成为我国人民陪审制区别于世界其他国家陪审制度的一个显著特点。针对人民陪审员的培训问题，2004年《决定》专门对此进行了规定，并且在2004年《决定》的基础上，最高人民法院还先后出台了多部司法规范性文件。根据这些法律和司法规范性文件的规定，人民陪审员的培训可分为两种：岗前培训和任职培训。初任人民陪审员在上岗前应当接受履行职责所必备的审判业务知识和技能培训。这种岗前培训的线下培训时间一般不少于24个学时，内容包括社会主义法治理念、司法制度、审判纪律、司法礼仪、廉政规定、法官职业道德、法律基础知识、审判工作基本规则等。人民陪审员的任职培训一般不得少于20学时，由各地法院根据审判工作需要，有计划、有组织地进行，内容主要包括政治理论及新颁布的法律法规、司法解释等②。以江苏省高级人民法院为例，在江苏省高级人民法院编写的《人民陪审工作指南》中明确："任职培训主要以认定事实、掌握有关诉讼规则和学习新法律法规、司法解释为内容""任职培训的形式和方法，除了采取集中授课培训外，还可以采取有针对性的庭审观摩、案例教学、模拟演示、电化教学、巡回教学等方法，以及组织人民陪审员对热点、难点、重点案件进行专题研讨等。人民法院也可结合本地区案件特点与类型安排培

---

① 张斌峰、黄现清：《交往理性视域下的法治话语互动》，载《法学论坛》2016年第1期。
② 苗炎：《司法民主：完善人民陪审员制度的价值依归》，载《法商研究》2015年第1期。

训内容"①。这种要求陪审员具备较高法律素质的诉求还影响到了陪审制度中的其他一些制度设计,如对人民陪审员任职资格设置较高的文化程度要求。2004年《决定》将公民担任人民陪审员的文化程度要求设置在大学专科以上,对此,最高人民法院负责人曾指出:由于在陪审法庭中,人民陪审员与法官"同职同权",故陪审员的任职条件、文化程度等应当同职业法官相当,特别是在文化程度上不宜相差太大,否则,人民陪审员会因自身能力、水平较低而难以发挥出应有的作用②。甚至,在《全国人民代表大会常务委员会关于完善人民陪审员制度的决定(草案)》中,一度规定公民任职人民陪审员的资格条件包括"有一定的法律知识或者其他专业知识",只是后来有委员提出"具有大学专科以上文化程度就表明在某些方面具有一定的专业知识或者法律知识",该条款才未被最终采纳。而对陪审员设置较长时间的任期,其原因也是建立在只有通过长时间的培训和参与审判,人民陪审员才能积累起相应的法律素质的认知之上的。同时,对陪审员设置较长时间任期,也可以节省反复培训新陪审员可能支出的培训成本。

  对陪审员法律素质的强调,不仅有违人民陪审制的基本运作原理,并且这种思想的传播还会对陪审员的履职心理造成严重的影响。前文也论述了,陪审员在裁判过程中处于"失语"状态的一个重要原因是,"陪审员由于本身法律知识的限制不能把握法律精神的实质,又由于对案件事实的不确切认定,使陪审员在法官面前会表现出不同程度的拘谨"③。这种"拘谨心理"产生的根本原因在于,由于对陪审制运行机理缺乏正确的认识,陪审员自己也认为,其作为陪审员是运用自己的法律知识和法律技能去协助、配合法官办案,那么在对自己的法律知识及技能不自信的情况下,最明智的处理方式当然是"缄默不言"。从沟通理论的框架进行解释,商谈得以顺利展开需要

---

① 江苏省高级人民法院政治部:《人民陪审工作指南》,南京师范大学出版社2015年版,第96页。
② 《关于〈关于完善人民陪审员制度的决定(草案)〉的说明——2004年4月2日在第十届全国人民代表大会常务委员会第八次会议上》,载《中华人民共和国全国人民代表大会常务委员会公报》2004年第6期。
③ 左卫民、周云帆:《国外陪审制的比较与评析》,载《法学评论》1995年第3期。

"理想的言语情境","理想的言语情境"的功能之一是为商谈行为排除内在强制。内在强制来源于交往结构自身所产生的约束效应。所谓交往结构是指由言语者和听者所组成的对称式的互动交往结构,这种交往结构如果组织不好就会产生很大的问题。如听者在交往结构中只具有被动接受言语者的义务而没有质疑的权利,那么听者在交往开始之前就已经受到了交往结构本身的压抑与约束,主体间的共识注定是虚假共识或非理性共识[①]。对陪审员法律素养的强调,实质上在陪审商谈展开前就在陪审员心理上植入了自我压抑和约束的种子,剥夺了陪审员平等参与商谈的机会,由此注定了陪审制只能是"陪而不审"的形式化运行。

《人民陪审员法》的出台,明确了在七人制合议庭中实行事实审和法律审分离机制,实现了审判职权在法官和陪审员之间的重新配置。这一制度安排实则继承了"陪审员必须具备法律素养"的观点,只不过其放弃了通过培训等手段提升陪审员的法律素养,而是将陪审员的职权范围限定在"事实审",希望借此可以发挥陪审员在事实判断方面的"特长",打破"陪而不审"的怪圈。故从某种意义上说,限缩陪审员的"法律审"审判权限,是对陪审员能力质疑思路的一种延续。

2. 陪审员参与复杂性案件审理的案例

从理论上分析,陪审员参与案件审判的价值,正在于其能够代表社会将日常生活经验和朴素正义观带入审判场域,实现民意和法意的交融,以使裁判结论能够不偏离社会的常情常识常理,契合社会大多数人的广泛共识。但理论是灰色的,而生命之树常青。这一理论上的设想是否真的具有现实的可操作性,即陪审员凭借其日常视角是否真的能够承担起裁判者的角色,实质性地参与案件审理,尤其是对复杂性案件的审理,仍为不少学者所质疑。本书认为,通过对现实实践中陪审员参与案件审理的表现的观察,这一质疑是毫无依据的。

---

① 刘志丹:《哈贝马斯理想的言语情境理论:阐释与批判》,载《内蒙古大学学报(哲学社会科学版)》2014年第3期。

在这里，我们可以重温一下美国经典电影《十二怒汉》。这是一个来自社会各个阶层的普通陪审员运用日常生活理性，通过沟通商谈，剥茧抽丝，逐步探究案件真相的典型案例。故事发生在雷阵雨前的一个下午，一起凶杀案的陪审团成员聚集在闷热的会议室里，对案件结果进行谈论和表决。在1号陪审员的主持下，全体陪审员进行了第一次表决，11人赞同有罪，只有8号提出无罪观点。由于陪审团采用的是一致同意表决规则，故第一次投票后，在1号陪审员的主持下，陪审员们按顺序发言，对所有证据及线索进行陈述，以试图说服8号陪审员。当4号陪审员与8号陪审员辩论起本案凶器——一把弹簧刀时，针对4号陪审员称这把刀子不是一把普通的刀子，店主说他的店里只有一把这样刀子的说法，8号陪审员当场出示一把完全相同的弹簧刀，几乎一边倒的局面开始发生松动。在第二次投票中，9号陪审员转为无罪观点，讨论由此继续进行。陪审员们谈到了本案的两个关键证据：一是案发时现场楼下的瘸腿老人听见作为本案嫌疑人的少年说"我要杀了你"，随后听见倒地的声音（认为是少年父亲的尸体摔倒在地）；二是住在案发现场楼对面的女证人作证说，当时正有一辆六节车厢的电车，她通过最后两节车厢的窗口，亲眼看见男孩将刀举过头顶狠狠往其父亲胸口刺下。8号陪审员指出，既然当时正有一辆六节车厢的电车经过，在电车轰鸣声中，瘸腿老人不可能听清少年的话。9号陪审员对此表示赞同，他补充道，瘸腿老人一生碌碌无为，孤苦无依，内心非常渴望得到外界的关注，其之所以编造"谎言"可能是将之视为争夺眼球的机会，为此不惜夸大其词。11号陪审员随后提出了自己的一个质疑：案发时间为午夜十二点，且目击证人B当场发出惊叫并报警，涉嫌行凶的少年应对此有所警觉，而他在凌晨三点又回到现场，被守护在现场的警察抓住，如果他是凶手，为什么要回到现场自投罗网。10号陪审员反驳道，证人瘸腿老人也在事发现场目击到行凶少年。另有陪审员补充道，瘸腿老人听到楼上有响动，出于好奇想看个究竟，用了15秒就从床上走到门口，打开门，正好看见少年从楼道跑过去。8号陪审员随之提出，对瘸腿老人是否可以在15秒内完成这一系列动作进行现场测算。这一说法让更多人对瘸腿老人证言的真实性开始产生怀疑。新一轮投票开始，支持有罪和支持无罪的票数变为各半。随后，8号陪审员与4号陪审员就涉嫌行凶的少年供词中曾去看电影，却无法说明电影内容这一点进行争论，8号陪审员认为在精神压力下，少年没有回忆起电影情节是正常的，并就此对4号陪审员进行现场测验，结果显示，4号陪审员的表现并没有明显好于少年。2号陪审员就弹簧刀和被害人伤口的不一致提出质疑，3号和8号陪审员进行现场演示还原，而从小在贫民区长大的5号陪审员对用刀的手势进行了更正……4号陪审员提出，本案最核心的证据是住在楼对面的女证人在半夜醒来，她从床上站起来，正好透过电车的最后两节车厢，亲眼目击到少年对其父亲行凶。在4号陪审员重申这一确凿的证人证言后，又有陪审员开始动摇。就在这时，4号陪审员摘下眼镜去按摩鼻梁以缓解疲劳，这一动作被9号陪审员捕捉到，他提醒大家，那个女证人的鼻梁和4号陪审员一样，都有长期戴眼镜造成的压痕，而在出庭过程中，出于对自己外表的在意，她没有戴眼镜，近视的女证人不可能在晚上清清楚楚看到60英尺外的案发现场，她只能看到一个模糊的影子，凭此就推断少年是凶手，是经不住推敲的。……雨过天晴，这个案件最终被陪审团以一致意见认定无罪。纵观陪审团评议的整个过程，他们对案件事实的讨论和探究没有运用超出日常生活经验之外的理性，但在群智群力、充分沟通商谈的氛围下仍然显示出了强大的真相识别能力。也许有人会说，这只是艺术上的加工，不能反映出陪审员参与案件审理的真实情况。但艺术来源于真实，这部电影中的每一个陪审员的表现并没有让人产生过于戏剧化、过于夸张、不合常理的质疑，况且现实中的案件也往往没有电影中刻画得这般复杂，需要动用如此高强度的观察力和思考力。故这个电影完全可以作为一个理想化的陪审法庭评议的样板，只要每位陪审员都能端正履职的态度，充分运用自己的日常理性，完全可以产生类似的陪审效果。

  下面再举我国司法实践中一个真实的案例①。王某德与胡某系夫妻，二人生有二子王某春、王某龙。王某德于2013年12月23日去世，胡某于

---

① 参见（2015）门民初字第3892号，该案由法官三人和陪审员四人组成合议庭审理。

2003年10月30日去世。王某春与杨某系夫妻，二人生有一女王某，王某春于2012年5月25日去世。王某龙与张某系夫妻，二人生有一子王某某，王某龙于2012年11月6日去世。2009年11月15日，王某德就11号-1的23.89平方米的房屋签订房屋拆迁安置补偿协议，王某德依该协议获得10万元拆迁款及一套两居室安置房。被拆迁房屋系自建房，无相应产权证明。两居室安置房已具备交付条件，即为403号房屋，但尚未办理入住手续，亦未办理房屋所有权证。原告王某某诉称：王某德于2012年12月2日立下遗嘱，指定403号房在其百年后由王某某继承，请求判令该房屋归其所有。被告王某辩称，403房屋是11号-1房屋拆迁补偿所得，而11号-1房屋系其母亲杨某购买，故该房屋产权应归杨某所有，并非王某德的遗产。杨某作为第三人述称，11号-1的房屋系其所购买，相应拆迁利益应归其所有。该案采用七人制合议庭审理，在原、被告双方均缺乏充分证据的情况下，四名陪审员就11号-1房屋究系王某德购买还是杨某购买之事实认定达成以下一致意见：其一，从11号-1房的房产档案来看，王某德在2005年具备购房能力，并且老人与小孩有矛盾想单独住平房也符合一般常理。其二，从403号房的房产档案看，王某龙在2011年具备向王某春支付44万元以换取403号房屋继承权的支付能力，王某、杨某虽对房产继承协议书及收条中王某春的签名、指纹的真实性不予认可，但未提出鉴定申请，亦未提出反证。其三，杨某名下无住房，如11号-1房屋系杨某出资购买，其买房后将房屋交给王某德居住，自己从未居住过，与常理不符。其四，杨某陈述其购房款系从工商银行取款，但未提交相应证据，法院亦未查询到相关的交易记录，该陈述存在疑点。其五，从杨某2014年3月18日写给张某的信看，二人明显是在讨论王某春放弃403号房屋继承权的问题，而杨某只是在信中表示王某春的放弃不能代表王某，但未主张自己是房屋的实际买受人。其六，拆迁时，虽然杨某已被刑事羁押，但当时王某春还在世，王某春及杨某的其他近亲属均未就王某德签订拆迁协议一事提出过异议，亦与常理不符。合议庭三名法官亦认为：11号-1房屋系自建房，没有相关权属证明，该房屋自2005年一直由王某德居住使用，拆迁时亦由王某德签订了拆迁协议，故在无相反证据的情况下,该房屋应推定由王某德购买。现王某、杨某主张 11 号-1 房屋系杨某出资购买,则二人应就该主张承担举证责任,虽然证人刘某英、张某香证明 11 号-1 房屋系由该二人与杨某签订房屋买卖合同,但王某、杨某未能向法院提交书面合同及出资证明,在没有其他证据佐证的情况下,法院认为王某、杨某的该项主张依据不足,不予支持。由该案例可见,陪审员群体运用日常生活理性对案件事实作出的认定,不仅与职业法官认定的结论一致,而且从对有关事实的说理及逻辑推导过程看,亦没有显露出明显的认知能力上的短板和偏差,再一次印证了陪审员运用其日常生活理性完全可以胜任参与审判的职责。

也许有人会指出,上述案例都是集中在案件事实认定环节,对事实真实存在与否诚然可以通过日常生活理性进行判断,但在法律适用这一专业性更强的领域,陪审员仅凭日常生活理性恐怕难以胜任。本书认为,陪审员以其日常生活理性亦完全可以履行好参与案件"法律审"的职责,对此,本书将结合下一小节内容进行详细论证。

3. 回归陪审员用朴素的正义观和日常社会经验参与司法之本源

前文论述了陪审员以日常生活理性参与审判的必要性以及现实可能性,那么如何让人民陪审制回归到陪审员用朴素的正义观和日常社会经验参与案件审理的本源呢?本书认为,首先,应取消人民陪审员的培训制度,以便人民陪审员可以保持其"原生态"参与案件的审理,即便认为现阶段培训制度仍有其存在的必要性,培训的内容也应以讲授陪审制度的目的功能、陪审员的职责、诉讼程序等为主,尽量不对陪审员进行法律知识及审判技能的培训。其次,应放弃对事实审和法律审分离机制的尝试,回归到陪审员与职业法官"同职同权",共同行使审判权力的旧有模式。当然,为了让陪审员能够实质性地参与审判,不再重走"陪而不审"的老路,需要我们加大对陪审制度功能目的的宣传力度,让"人民陪审员就是以朴素的正义观和日常社会经验参与司法"的理念深入人心。最后,为了更好地让人民陪审制成为法官用法律和法理与社会意见进行"商谈"的平台,除了相关主体要在理念上"与时俱进"外,还需要一些科学合理的措施以降低陪审员运用日常语言、日常经验参与审判的难度。如：在陪审法庭庭审中，应指引法官和律师尽量避免使用晦涩的"法言法语"进行问答和辩论；在案件评议时，法官应用平实的语言来梳理案情，解释相关适用的法律及法理等等。

（三）以强化法官论证为重点激活"参与—论证—共识"机制

1. 合议庭的本质：充分商谈形成共识

无论是 2004 年的《决定》还是《人民陪审员法》，对陪审案件的评议规则都缺乏具体明确的指引和规定，涉及评议环节的规定主要局限在表决规则等少数几个方面。如 2004 年《决定》第十一条规定："人民陪审员参加合议庭审判案件，对事实认定，法律适用独立行使表决权。合议庭评议案件时，实行少数服从多数原则。人民陪审员同合议庭其他组成人员意见分歧的，应当将其意见写入笔录，必要时，人民陪审员可以要求合议庭将案件提请院长决定是否提交审判委员会讨论决定。"《人民陪审员法》对合议庭评议环节的规定稍有所增加，除了在第二十三条延续了 2004 年《决定》关于"少数服从多数"表决原则等规定外，在第二十条还规定了合议庭评议案件时审判长对人民陪审员的指引义务。此外，《人民陪审员法》增设了七人合议庭制度，其被寄望是打破原有陪审法庭评议过程格局的一项"制度利器"。根据《最高人民法院关于人民陪审员制度改革试点情况的报告》（第十三届全国人民代表大会常务委员会第二次会议审议），新设七人合议庭制度的主要考虑是："五人合议庭中的法官至少要有三人，人民陪审员仅有两人，由于人数较少而不敢发言的情况较为普遍；如采用九人及以上合议庭，各地法院现有的法庭设施需要进行大规模改造，开展陪审工作的成本也会大大增加……一方面，七人合议庭已能满足审理重大案件的需要，法庭设施也不需要大规模改造；另一方面，七人合议庭由四名陪审员和三名法官组成，数量配比相对平衡，陪审员的心理优势和'存在感'得到增强，参审的积极性得到较大提升。"由于在七人制合议庭中，陪审员只具有"事实审"的权能，并且是与法官共同表决，在简单多数决规则下，"由法官三人与人民陪审员四人组成七人合议庭"的制度设计暗含了对事实认定的权力掌握在陪审员手中。

如前文所阐述的，陪审制作为司法过程中的公共领域，其提升司法公信力的作用机理是通过各方充分的商谈寻求重叠共识，而不是对"每个人观点的简单加总"，由此，陪审法庭评议过程的重点应放在如何保障沟通商谈充分地展开，而不是法官或陪审员哪一方掌握的表决票数的多少。对陪审制"实质性地运转"不应庸俗地理解为只是"表决之争"，而应将目光聚焦在如何让法官和陪审员们实质性地参与到商谈之中，经过充分的商谈得到一个各方均能接受的裁判结论，这才是陪审制充分发挥效能之本旨。当前，无论是理论还是实践中，恰恰对这一点缺乏关注，缺少应对措施。

2. 鼓励陪审员就事实问题和法律问题全面发表意见

陪审员的职权配置在参审制模式及陪审团模式下有着巨大的差别。在参审制模式下，通常陪审员与专业法官同职同权，共同就案件的事实问题和法律问题作出裁判；而在陪审团模式下，通常观点认为，法官与陪审团分权设置，法官负责"法律审"，陪审团负责"事实审"。新一轮陪审制改革的最大亮点之一——事实审和法律审分离机制，即被认为是仿效英美法系国家的陪审团模式。立法者希望通过将陪审员的职权范围限缩在"事实审"环节，规避陪审员在法律专业知识和技能上的缺陷，以利于陪审员切实履行职责，进而打破"陪而不审"的怪圈。本书对此持否定态度，除前文已提及的事实审与法律审相分离在现实中难以实现这一因素外，还有以下几点理由：

其一，通常所称的陪审团模式下法官负责"法律审"，陪审员负责"事实审"这一说法事实上并不准确。准确而言，英美法系的陪审团模式，实行的是二元审判组织架构，即陪审团和法官系两个不同的审判组织，两者相互独立、分工负责、相互制衡。陪审团负责刑事定罪审或民事诉讼主张采纳审，即是否同意控方或原告的诉讼主张，这兼具事实审和法律审性质；而职业法官单独决定量刑审或具体处理审，即在接纳诉讼主张后给出具体的处理结果。英美并没有陪审团负责事实审、职业法官负责法律审的体制，而是两者共同以法庭的名义审判案件。正如美国学者内森·艾萨克所指出的，如果采用"法官的问题"和"陪审团的问题"取代现在的"法律问题"和"事实问题"，许多迷惑可以得到避免。英美陪审团模式下二元体系的形成与盎格鲁-撒克逊传统中对政治分权机制的偏好紧密相关。国家主权一分为三，立法权、行政权、司法权三权分立、相互制衡，这是英美法系国家尤其是美国政治体制的基础。在司法独立原则下，司法权成为三分支中最不民主的一部分。为了防范司法权的恣意和专横，陪审团制度作为其必要的制衡机制应运而生。正如在邓肯诉路易斯安那州一案中美国联邦最高法院所指出的，虽然宪法制定者努力创造一项独立的法官制度，但为防范其滥权仍坚决制定进一步保护措施，而赋予被告人获得陪审团审判权，可以使其有充分的能力对抗腐败的或过度热心的检察官以及唯命是从的、带有偏见的或偏心的法官。甚至为进一步发挥代表社会大众的陪审员对职业法官的制衡作用，英美法系的陪审制度在历史上还一度赋予陪审团否决权，即陪审团有权不顾法律规定，对有罪的被告作出无罪裁决。而根据我国的事实审与法律审分离机制，在同一组织的合议庭中，职业法官具有事实认定和法律适用的权力，而陪审员却只有职业法官部分的权力——事实认定权力，换言之，事实认定由全体成员共七人决定，法律适用却由部分成员共三人决定，这意味着同一组织中出现了两个决策主体与两种决策模式。这种模式不仅有违只有在双重审判组织中才存在审判权力分割模式的惯例和规律，而且在同一审判组织中，陪审员与职业法官同职不同权，事实上暗含着对陪审员司法能力的不信任，寄望通过这种方式强化对陪审员的监督和指导。鉴于在实践中法律问题与事实问题区分标准的模糊，难免会发生本应是陪审员参与裁判的事实问题，但法官以该问题属于法律适用问题为由拒绝交给陪审员裁判；反之，本属陪审员无权裁决的法律问题，法官却将陪审员的意见计入表决意见[①]。即在事实审与法律审分离机制下，职业法官事实上掌握了更大的对裁判的决定权。陪审员与职业法官权力地位的不平等，更难以使陪审法庭成为建立在自由、平等基础上的"理想的言语情境"，进而无助于使参与各方展开真正意义上的"商谈"以最大限度地寻求"重叠共识"。

[①] 陈学权：《人民陪审员制度改革中事实审与法律审分离的再思考》，载《法律适用》2018年第9期。

其二，陪审团模式下陪审团独立掌握部分审判职权是建立在审判的充分对抗化基础之上的。以美国的案件开庭程序为例，开庭审理的第一阶段为事实陈述阶段，首先由双方律师向陪审团概括一下案情状况，使之对案件梗概有一个大致了解和初步印象。由于这个在先陈述直接关系到陪审团对即将提供的证据的看法和评价，进而影响到案件最终的裁判结果，故律师陈述的好坏在审理程序中有着非常重要的作用。在这个事实陈述中，通常也会夹杂一些法律适用方面的说明，如在刑事诉讼中，辩护律师会在案件事实陈述过程中对何谓"合理怀疑"这一法律术语加以适当解释。需要注意的是，事实陈述本身并不被当作证据使用，而仅是对证据的引导，故律师习惯于用"证据即将表明"这样的术语作为陈述的开头。庭审的第二个阶段为举证阶段。这也是审判程序中最为重要的组成部分。双方律师在庭审的事实陈述环节已经分别向陪审团讲述了各自关于案件的"故事"，而案件的真相只有一个，这两个故事中哪一个是真实的，即需要通过举证环节来进行举证证明。在举证阶段，首先由原告方举证，提出有利于自己的事实和证据，形成所谓"原告的案情"，在刑事诉讼中则被称为"政府的案情"或"国家的案情"。在原告方初步举证后，被告可提出直接裁决的申请，因为若原告提出的证据不足，诉请即不成立，被告在此情形下根本无须提出反证。若被告不提出直接裁决的申请或申请被法庭否决，则由被告的律师接着进行举证，形成所谓的"被告的案情"。原告的律师若认为有必要可提出"反驳的案情"，而被告方又可随之获得一次申请直接裁决的机会。如此反复轮转，而次数不受限制。在举证环节，召集证人出庭作证及调取相关文件是律师的责任。证人证言在对抗制审判中对案件事实认定有着至关重要的作用。证人应当事人一方律师召集并传唤到庭后，先要进行宣誓，其后，由召集一方的律师首先向证人询问，这一询问又被称为直接询问。在直接询问结束后，对方律师有权对该证人进行交叉询问或反询问。直接询问的目的在于向陪审团陈述事实，支持主张方提出的案情；而交叉询问的目的则是引导出相反事实，对证人证言的真实性、可靠性提出质疑。如有必要，直接询问和交叉询问次数不受限制，可以进行多轮。无论是在直接询问还是在交叉询问中，证人都只能以问答的方式作证，而不能以直接陈述案件事实的方式作证，以免影响裁判者的判断。在举证阶段，律师享有提出异议权，在一方提出的证据不具可采性或一方当事人及其律师作出某种不恰当的或违反程序规则的行为时，对方律师均可以口头方式提出异议，以免陪审团听到带有瑕疵的证言。异议需附有简短的理由，由法官作出支持异议或否决异议的口头裁定。庭审的最后一个阶段为最终辩论阶段，又被称为"总结发言"。在这个最终辩论阶段，律师需要总结本案系争事实的焦点，周密而有逻辑地将对己方有力的证据组织起来，并将它们贯穿在系争的焦点事实当中，以达到说服陪审团使之作出肯定己方事实主张的裁决。并且，辩论中还要将陪审团听到的事实与证据与即将适用的法律规则和规定联系起来。在陪审团模式下，法官对陪审团就事实认定的有关法律问题有指示或指导的义务，该指示通常在最终辩论完成之后进行。指示的内容通常包括两个方面：一是与本案的诉讼请求或抗辩理由有关的实体法，例如合同有效成立的要件、盗窃罪的构成要件等等；二是事实认定方面的证据问题，例如证明标准，如何评估证据的证明力等。陪审团对指示内容不理解的，可以向法官提问，要求法官作出解释或说明①。

　　通过对对抗制诉讼的观察可知，对抗制诉讼模式具有以下特征：一是对抗制诉讼是"纠纷解决型"司法，奉行假定被告无罪的自然权利原则，遵循的是"先有证据后作结论"的法律程序。二是强调裁判者的绝对中立地位，裁判者是被动的、无为的，当事人双方在诉讼中享有充分的、对等的诉讼权利，并借由双方的对抗来推动诉讼程序的进行。三是对抗制诉讼模式下通常采用连续听审程序，即庭审活动在相对集中的时间、场所连续不断地进行，直至形成裁判结论。对抗制审判之所以通常采用连续听审程序，其原因在于对抗制诉讼的核心是"审判中心主义"原则，强调在庭审与裁判之间建立直接、必然的逻辑联系，裁判必须建立在庭审中展示的对案件事实的调查基础之上。四是对抗制诉讼重视证人证言等口头证据，并遵循严格规范的证据排除规则。对抗制诉讼强调庭审的亲历性，证人必须出席法庭，其证言的真实

---

① 汤维建：《美国的对抗制审判方式》，载《比较法研究》1996年第4期。

性还需要经过交叉询问的检验。同时为了防止瑕疵证据对陪审员的误导，对证据的合法性、证明力要求极高，证据略有瑕疵即予以排除。对抗制诉讼的这些特征为只有日常生活经验而无法律知识和审判经验的陪审员单独行使陪审团职权提供了充分条件，"只有通过对抗制审判，让控辩双方将案件事实通过辩论进行生活化处理，陪审员们才有对事实的判断能力"①。

而我国的诉讼模式可以归类为纠问式诉讼模式，其有着与对抗制诉讼迥然对立的特征：首先，纠问制审判是一种"社会控制型"司法，其假定被告有罪，审判的目的是迫使被告认罪，遵循的是"先有结论后找证据"的程序。其次，在纠问式诉讼模式中，法官对诉讼程序享有绝对的主导权，习惯以被告的主张为审查对象，通过积极行使职权对案件事实进行探究。这种职权行使的主动性消减了法官应有的中立性。再次，纠问式诉讼以庭前程序为中心，并不重视庭审环节，庭审程序只不过是法官对侦查阶段所收集证据的重新审查确认，庭审也通常不采用连续庭审程序。最后，纠问式诉讼强调对客观真实的追求，重书面证据、实物证据，轻口供，通常不会严格地遵守证据排除规则。纠问式诉讼与对抗制诉讼完全对立的程序特征，决定了其无法借助当事人之间充分的论辩达到对案件事实进行"生活化处理"的效果，进而帮助陪审员更好地理解案件事实、作出准确判断。这也是法、德等奉行纠问式诉讼模式的大陆法系国家在引入陪审团模式后不久，即因"水土不服"又将陪审团模式改回参审制模式的重要原因之一。

其三，通过前文对陪审制的制度目的和运作机理的论证可知，陪审制在现代社会之所以可以起到有效提升司法公信力的作用，更在于其可以作为司法过程中的公共领域为司法与社会进行商谈沟通提供制度化的平台，这与英美法系更偏重将陪审制视作增加审判领域的民主性特征，强调陪审团对法官裁判权制衡作用的制度传统不同。英美法系的陪审团模式下，法官与陪审员分工负责，各管一段，并没有体现出司法与社会进行沟通的元素。而我国新出台的《人民陪审员法》中所规定的事实审与法律审分离机制，虽然在"事

---

① 高一飞：《东亚文化背景下的建议性陪审团》，载《财经法学》2015年第1期。

实审"环节通过陪审员与法官共同就案件事实认定问题作出裁判，体现了司法与民意在案件事实认定环节的沟通交流，但这种沟通交流是不完整的，其对司法公信力的提升作用也必将是有限的。我国司法实践中诸多有争议的案件之争议的焦点恰恰集中在对案件的法律适用上，这充分说明在司法过程的法律适用环节亦不能缺少司法与社会的沟通，而且这种做法也反映出立法者并没有充分领略到陪审制及沟通理性之于现代司法公信力的作用机理。

综上可知，将人民陪审员的职权局限在"事实审"方面并不可取。这一仿效英美法系陪审团模式的改革举措，不仅在我国缺乏可以充分发挥其作用的配套制度环境，而且也有违现代陪审制提升司法公信力的作用机理。本书认为，人民陪审员参与审判，应当就案件的事实问题和法律问题全面发表意见、参与决策，这不仅能够较好地与我国纠问式诉讼模式相配合，而且通过陪审员对司法全过程的参与，可以更为彻底地实现司法与民意的沟通，进而让裁判结论更好地体现出社会公意与共识。

3. 以强化法官论证能力为重点

（1）构建"参与+论证+共识"的评议模式

前文论证了陪审法庭评议的重点在于充分的沟通商谈，而不是简单地行使"投票权"。并且，陪审员参与审判，应当就案件的事实问题和法律问题充分、全面发表意见。由此产生的新问题是，基于陪审员与法官在专业知识及技能上的差距"鸿沟"，如何让这种"商谈"充分展开。

参审制模式下，法官与陪审员"同职同权"所蕴含的最大风险就是法官与陪审员之间的沟通不能充分展开，这不光在我国人民陪审员制度实践中普遍存在，而且在法、德等参审制国家都有不同程度的反映。如有学者对德国的参审制法庭进行考察后就指出"陪审员虽然被依法赋予了与职业法官相同的职权，但其发挥的实际作用并不能与之匹配""法官自始至终主宰着庭审的进程，而陪审员难免会受到职业法官意志的影响"[①]。针对此问题，探索路

[①] 牛建华、刘峥、雷鸿：《德国"荣誉法官"制度评介及其思考》，载《法律适用》2011年第12期。

径之一是采用问题列表制度。该制度最早由法国实行,并深刻影响了西班牙、俄罗斯等国的陪审制建构。所谓问题列表制度,是指在陪审法庭审判中,审判长依法律规定将案件进行细化分解,制作一定数量的问题,要求陪审员们作出"是"或"否"的回答,并以此决定案件的最终处理。以法国的刑事审判为例,法国的《刑事诉讼法》对问题列表中提出的问题以及提问的方式都作出了详细的规定。根据规定,问题列表中的问题可分为主要问题和加重情节问题两类。主要问题是指被告人被控的各项犯罪及这些犯罪的构成要件;加重情节问题主要指移送裁定书中提及的一项或数项加重情节。对于主要问题,法国《刑事诉讼法》规定,其应当按照以下方式提出:"被告人是否因实施这一行为而有罪?"对起诉决定的主文列举的每一特定事实,均应单独提出一个问题。同样,针对每项加重情节,问题清单中也应单独设置一个问题。并且,所有问题不能采用综合问题的方式提出(如将主要问题和加重情节问题合并为一个问题)。在一些学者看来,问题列表制度可以使重大复杂案件以判断题的形式清晰地展现在陪审员面前,从而可以填补陪审员与案件复杂性之间的鸿沟。基于陪审案件评议过程应当是一个法官与陪审员进行充分沟通交流过程的理论预设,本书认为问题列表制度之于理想化的陪审制度建构亦不可取。尽管问题列表制度并没有直接将陪审员回答问题列表与其充分参与案件讨论对立起来,但这种制度的外在形式还是容易给人造成案件的陪审员参与评议重在作出选择而不是充分参与沟通的误解,进而在实践中容易异化为一个标准化的"投票制度",从而背离了陪审制的制度初衷。

本书认为,解决案件复杂性给陪审员实质参与案件审理造成障碍这一问题的有效路径应当是构建"社会参与+法官论证+形成共识"模式的陪审法庭评议程序。陪审制作为司法过程中的公共领域,其"理想的言语情境"建构要求对话各方应具有平等对称的地位和权利,由此才能达到充分沟通之目的。这一要求落实在制度层面,即表现为法官与陪审员"同职同权",双方具有完全平等的地位和权利,以及陪审员参与案件的商谈不受任何限制,包括来自内部和外部的限制。但这种双方处于平等地位的要求,并不是说两者在沟通商谈过程中发挥的作用及参与论证的方式是完全相同的。任何一个商谈,都必然有主导商谈程序的一方,完全"去中心化"毫无方向和目的的"商谈"只能被称为"漫谈"。基于专业法官与陪审员知识技能上存在巨大差异的结构性原因,法官在这一商谈过程中处于主导地位是必然的,由此,务实的态度应是让法官充分发挥其对案件评议程序的熟悉以及在法律知识、法律素养上的优势,由法官主导对纠纷中争议的焦点问题进行法律和逻辑论证,而陪审员则更多扮演带着社会日常生活经验和朴素正义感对法官的法律论证进行检验的角色[①]。在这样一个过程中,由于陪审员发表意见是建立在法官论证的基础之上的,是针对法官推导论证过程中不严密或明显有违常理之处的"挑刺"过程,而不是一个完整的法律意见的建构过程,这能够让陪审员有话可说,而陪审员的充分表达也给法官增加多重视角去重新审视案件而不至陷入个人前见及过度专业化思维的泥潭。陪审员借由商谈可以充当裁判正当性的"试金石"。试问,如果法官对案件的论证连陪审员都无法说服,又如何让价值观更加多元的社会大众信服? 经由这种互动式商谈的充分沟通,案件的结论会更具有说服力,更能准确传达出社会公众所共享的重叠价值观,也更具有正当性和有效性。

  回到前一小节留下的问题,陪审员以其日常理性能否履行好参与案件"法律审"的职责? 在陪审法庭采用"参与—论证—共识"模式的评议形式下,陪审员主要是针对专业法官对案件的法律论证过程提出意见或异议,判断专业法官逻辑推导及法律判断的结论是否有悖于常理,这正是日常生活理性可以发挥作用的范围。像许霆案、张学英案等之所以在社会上引起广泛争议,恰在于案件的裁判结论与社会民众的日常认知产生了背离。而在一个接近理想化的商谈环境中,由陪审员代表社会大众参与案件评议,提供了一个可以检验法官判断是否有违常理的有效机制。面对陪审员的质疑,职业法官要么坚持自己的立场,通过更为详尽的论证去说服陪审员,要么修正自己的观点,通过妥协来换取陪审员的支持。这样一个"论证—质疑—再论证—再

---

  ① 吴英姿:《人民陪审制改革向何处去?——司法目的论视域下中国陪审制功能定位与改革前瞻》,载《苏州大学学报(法学版)》2014年第3期。

质疑"的过程循环往复，会使最终的裁判结果不断向社会共识靠拢，而这就是陪审员实质性参与案件"法律适用过程"的方式。所以说陪审员完全可以其日常生活理性胜任参与案件"法律审"的工作。

事实上，本书建构的"社会参与＋法官论证＋形成共识"的模式与河南省法院系统曾经实行的"人民陪审团"制度实践有一定的相似之处。2009年2月，河南省法院在一起有着重大社会影响的死刑二审案件中，尝试邀请人民群众代表组成"人民陪审团"参与刑事审判，对案件裁判发表意见，供合议庭参考。这一做法当时在全国范围内引起了强烈反响，河南省法院随后以之为样板进行了"人民陪审团"制度试点探索。尽管这一制度探索在司法理论界和实务界毁誉参半，但仍有其不可否认的积极意义。当那些社会关注的案件在审理过程中不可避免地受到民意、舆论的影响时，与其放任这种广场化的围观，让司法被舆论及"伪民意"压迫，不如打开司法的正门，让民众在法律的框架内、在程序规则的约束下参与案件的讨论和沟通。这正是河南省法院"人民陪审团"制度实践给我们带来的有益启示。

(2) *法官论证说理的重点*

在"参与—论证—共识"的评议模式下，法官不仅要以陪审员听得懂的方式运用法律思维和法律技术对案件结论的推导过程进行论证，而且要针对陪审员站在各自立场提出的观点及异见进行回应，这在客观上要求法官加强裁判的说理论证，由此才有可能说服陪审员接受其通过适用证据规则、法律解释及法律论证得出的裁判结论。结合前文所列举的常见的司法公案类型以及我国裁判文书说理中存在的普遍性问题，本书认为，在以下情形中，特别需要陪审法庭的职业法官强化相关的论证说理。

一是"依法处理"可能有违常识或严重背离社会大众朴素价值观的案件。如天津赵春华案即是这样一个典型的案例。赵春华在摆气球射击摊进行营利活动时被公安机关抓获，当场查获涉案枪形物9支，经鉴定，其中6支为能正常发射的以压缩气体为动力的枪支。一审法院以赵春华犯有非法持有枪支罪，判处有期徒刑三年六个月。赵春华以自己没有犯罪故意、行为不具有社会危害性为由提起上诉。二审法院认为赵春华构成非法持有枪支罪且属情节严重,但考虑到其"犯罪行为的社会危害相对较小"以及"认罪态度较好"等情节,改判其有期徒刑三年,缓刑三年。该案的判决在社会上引起了广泛的争议,日常生活中的经营气球射击摊的行为竟然会构成刑事犯罪,这在社会公众看来简直匪夷所思①。从法律层面对该案进行分析,根据我国《刑法》第一百二十八条第一款的规定,非法持有枪支罪的构成要件为"违反枪支管理规定,非法持有枪支","非法持有枪支"是该罪客观构成要件的核心,而"违反枪支管理规定"则是对"非法持有枪支"的说明和限制。对法官而言,其在对该案的法律论证中,首先需要对"枪支"这一概念的界定进行详细的阐明。对"枪支"的界定看似简单,实则不然。我国的枪支管理规定包括多个规范性文件,而这些规范性文件设定了不同的枪支认定标准。《中华人民共和国枪支管理法》(简称《枪支管理法》)第四十六条规定:"本法所称枪支,是以火药或者压缩气体等为动力,利用管状器具发射金属弹丸或者其他物质,足以致人伤亡或者丧失知觉的各种枪支。"《公安机关涉案枪支弹药性能鉴定工作规定》中则对枪支作如下定义:"对不能发射制式弹药的非制式枪支,按照《枪支致伤力的法庭科学鉴定判据》(GA/T 718—2007)的规定,当所发射弹丸的枪口比动能大于等于1.8焦耳/平方厘米时,一律认定为枪支。"如果适用《枪支管理法》,赵春华持有的枪形物尚不能被认定为枪支,而适用公安部出台的认定标准,则可以被认定为枪支。由此,是适用《枪支管理法》还是适用公安部标准,是该案法官需要进行详细论证的第一道"关卡"。而在非法持有枪支罪的主观构成要件方面,刑法中并没有规定其罪过形式,但刑法理论上通常认为该罪属于故意犯②。赵春华是否具备判断自己所持有的枪形物属于枪支的故意,是该案法官需要进行详细论证的第二道"关卡"。从该案文书的说理看,在第一个问题上,该案二审法官采纳了公安部的标准,即认为案涉赵春华持有的枪形物中有6支属于刑法上的枪支,其行为符合非法持有枪支罪的客观构成要件;针对第二个问题,

---

① 邹兵建:《非法持有枪支罪的司法偏差与立法缺陷:以赵春华案及22个类似案件为样本的分析》,载《政治与法律》2017年第8期。
② 张明楷:《刑法学》(第5版),法律出版社2016年版,第714页。

该案二审法院这样论述："涉案枪支外形与制式枪支高度相似，以压缩气体为动力，能正常发射，具有一定致伤力和危险性，且不能通过正常途径购买获得，上诉人赵春华对此明知，其在此情况下擅自持有，即具备犯罪故意。"①

该案二审法官对上述问题的论证可谓是中规中矩，但如果假设该案是在一个理想型的陪审法庭中进行审理，可以设想法官这种纯技术性而没有顾及社会常识及社会民众朴素法感情的论证，很难获得陪审员们的认可而成为定案结论。如有学者指出，二审法院对赵春华具有非法持有枪支罪的故意的论证完全不能成立，理由是：首先，涉案枪形物与制式枪支在外形上高度相似，恰恰说明赵春华无法从外形上判断自己持有的枪形物是否为枪支。其次，在没有明确致伤力和危险性的具体程度的情况下，所谓"以压缩气体为动力，能正常发射，具有一定致伤力和危险性"并不是枪支特有的性能。相应地，在主观层面，即便行为人认识到自己所持有的枪形物符合上述性能要求，也不能说明行为人知道自己所持有的枪形物属于枪支②。最后，法院认为赵春华明知自己所持有的枪形物不能通过正常的途径购买获得，这一点不仅在证据上存疑，且即便属实，这些枪形物不能通过正常途径购买获得，意味着其受到了法律规制，但这些枪形物受到法律规制的可能的原因有很多，如可能是产品质量不合格，也可能是因为侵犯了知识产权，故即便赵春华明知自己所持有的枪形物不能通过正常途径购买获得，也不足以说明她明知自己所持有的枪形物属于枪支。由此可见，针对该案，法官完全可以通过法律论证的方式得出符合社会广泛认同的裁判结论。退一步讲，即便按照现行法律规定，案件的处理结果必然要背离常情常理与社会共识，那么这种法意与民意的背离可以通过陪审员的质疑传递到陪审法庭中，由此"迫使"法官在法律允许的范围内通过技术性处理进行相应的"变通"，以使裁判结论显得不那么"扎眼"和"不近人情"。如赵春华案中，二审法院以"犯罪行为的社会

---

① 参见天津市第一中级人民法院（2017）津 01 刑终 41 号刑事判决书。
② 邹兵建：《非法持有枪支罪的司法偏差与立法缺陷：以赵春华案及 22 个类似案件为样本的分析》，载《政治与法律》2017 年第 8 期。

危害相对较小"等理由，改判赵春华缓刑。再如许霆案中，法院在请示最高人民法院之后在法定刑以下对许霆进行处罚。

二是超出现有法律规定进行处理的案件。我国作为成文法国家，原则上一切判决都应严格以法律为依据，但由于法律只是对现实生活的一种类型化的抽象归纳，无法考虑到每一具体现实的特殊性，故超出法律规定之外对案件处理的情形在司法实践中时有发生。法律本身作为社会的行为规范，具有适用的普遍性、稳定性的特征，对具体案件的处理为什么要超出法律规定之外，需要法官重点予以说明论证，以打消外界对其徇私枉法、滥用职权的质疑。而在陪审法庭中，这一论证说明过程首先要面对代表社会参与审判的陪审员展开，要先取得他们的首肯和认同。如前文所提及的许霆案，由于该案事实情节的特殊性，对许霆的量刑是在法定刑以下进行的。如果这个案件是由陪审法庭审理的，主审法官就需要向陪审法庭详细论证为什么要对许霆在法定刑以下进行量刑作出详细的论证，在合议庭达成一致或多数意见后，再按照相关规定上报最高人民法院批准。陪审员的"把关"可以有效消减法官"心证"的神秘化、暗箱化特征，消除社会民众对裁判结论正当性的质疑。

刑事领域严格遵循"法无规定不为罪"的原则，而在民事领域，一般奉行"法无规定皆可为"原则，以充分尊重当事人的意思自治和行为自由，故民事领域中法律适用的严格性通常弱于刑事法律。由此，在民事案件审判中，超出法律规定进行裁判的情形更为常见，但这并不意味着法官对超出法律进行裁判就不需要进行论证或负有较轻的论证说明义务。以近几年在法院系统开展的打击"套路贷"违法犯罪活动为例，为贯彻中央关于防范化解金融风险，打击"套路贷"虚假诉讼的决策部署，全国法院系统开展了一波打击与惩治"套路贷"虚假诉讼专项行动，收紧了民间借贷纠纷等案件类型的立案及裁判尺度。如江苏省高级人民法院就先后出台了《江苏省高级人民法院关于在扫黑除恶专项斗争中打击与防范"套路贷"虚假诉讼工作指南》《江苏省高级人民法院关于在扫黑除恶专项斗争中打击与防范网络"套路贷"虚假诉讼工作指南》等一系列规范性文件，指南中规定"民间借贷的一审案件必须开庭审理，应当传唤当事人本人到庭接受调查、进行质证……原告本人无正当理由拒不到庭，导致其主张的事实无法查清的，应承担不利的法律后果""对民间借贷等案件，要切实提高防范'套路贷'的警觉性，重点审查……原告主张出借款项以现金交付，数额超过5万元的……"尽管上述指南不是法定的民事裁判依据，但鉴于省法院有统一全省法院系统法律适用的职能，以及其作为上级机关的权威，指南中的有关规定不仅成为事实上的"裁判依据"，而且在实践中还变本加厉，形成了"民间借贷案件中，原告必须本人到庭，否则不予支持""超出5万元以上的现金交付不予认定"等超出现有法律规定的"裁判规则"。政策与法律之间并不总是统一的，背后经常蕴含着公共利益与公民私益、政府短期目标与社会长远利益之间的对立，故对这种用政策替代法律作为裁判依据的行为，应当由法官向陪审员进行充分的说明论证，尤其是要论证超出法律的裁判行为对当前具体案件的处理是否正当、合理。如果不能得到陪审员们的认同，那么这种一刀切的以政策为依据进行裁判的行为应当慎行。在民事案件审理中，超出法律规定进行裁判的现象除了在前述以政策替代法律作为裁判依据的场合中比较常见外，还有一些案件是由于法律规定本身不合理，或者不能切合具体案情，需要法官结合案件的具体情况对法律进行扩大或限缩解释。如笔者曾经作为主审法官处理过这样一个案件：甲公司与乙公司的法定代表人张某签订民间借贷合同，约定甲公司对张某个人进行借款，该款项由张某指示汇入乙公司账户，后因张某欠债未还，甲公司以乙公司及张某为共同被告诉至法院。甲公司的起诉依据是《最高人民法院关于审理民间借贷案件适用法律若干问题的规定》（法释〔2015〕18号）第二十三条第二款："企业法定代表人或负责人以个人名义与出借人签订民间借贷合同，所借款项用于企业生产经营，出借人请求企业与个人共同承担责任的，人民法院应予支持。"在该案的处理中，张某个人承担还款责任并无争议，争议主要在于乙公司应否向甲公司承担还款责任。从表面证据看，案涉情形完全符合前述司法解释的规定，似乎乙公司应当向甲公司承担还款责任。但从该法律规定的立法意旨看，该规定之所以打破合同相对性原理，将没有参与签订借款合同的公司作为借款主体纳入借贷关系中，是因为企业的法定代表人可能具有双重身份，一方面作为自然人可能借款，另一方面其亦可能代表企业借款。在特定情况下，法定代表人虽以自然人名义借款，但其实际履行的是代企业借款的职务行为，款项最终也被企业经营使用，在此情况下，企业理应与法定代表人共同承担还款责任。并且，该条款还有助于防范因法定代表人与企业人格混同而损害债权人利益的风险。但本案中的具体情况是，张某虽是乙公司的法定代表人，但其并不是乙公司的控股股东，只是持有乙公司30%股权的小股东，其个人与公司不存在人格资产混同问题。张某对外借款，也不是在履行职务行为，而是因为乙公司的各个股东之间约定，要用股东贷款的方式支持公司的经营活动。故张某的对外借款行为完全是其个人借款行为，且相对方甲公司对此也明知，故从目的解释角度看，乙公司不应承担共同还款责任。但这样的推导过程，社会民众等外部人无从看出，他们看到的只是这个案子没有按照法律的明文规定进行处理，进而质疑存在裁判不公或至少是"同案不同判"。这样的案件如果通过陪审法庭审理，案件结论的整个推导过程在得到陪审员们的认同下，相关的质疑可能就会有所消减，进而在无形中提高了裁判的公信力。

三是法无明文规定，但具有普遍性或可能涉及社会公共利益的案件。法律不可能完备无遗，其必然存在漏洞。古罗马的法学家尤里安在阐释法律时就多次提出："法律和元老院决议都不可能制定得囊括所有可能偶然出现的情况……"① 法律存在漏洞是不争的事实，这在刑法中也不例外。如有这么一个现实的案例，幼儿园女老师颜某自2010年在浙江省温岭市某幼儿园工作以来，经常以胶带封嘴、扔垃圾桶、拧耳朵等方式对幼儿园的幼儿进行虐待，并拍照为乐。温岭市公安部门依法对两名涉案教师作出处理：颜某因涉嫌寻衅滋事罪被刑事拘留，童某因参与拍照而被行政拘留7天。后来，温岭市公安局通过微博发布消息，女教师颜某虐童事件经深入侦查，根据罪刑法定原则，认定颜某不构成犯罪，依法撤销刑事案件，改处颜某行政拘留15天。从社会的普遍认知看，颜某的行为应该与虐待罪的主观恶意及社会危害性相当，但根据刑法对虐待罪构成要件的规定，虐待罪的犯罪主体和犯罪对

---

① [美]桑德罗·斯奇巴尼：《正义和法》，黄风译，中国政法大学出版社1992年版，第57页。

象限定为有亲属关系的家庭成员之间，而本案中，颜某因不具备这样的主体资格故而免于刑事处罚。尽管罪刑法定原则作为现代社会保障人权的一项基本规则可以有效避免公民在日常行动中动辄得罪，但对于前述案例这种具有严重社会危害性只是形式上似乎不完全符合犯罪构成要件的行为，如果一律以罪刑法定为由排除其犯罪性似乎又不尽公平，有违具有实质正义偏好的我国国民的传统认知观。也许对该案更为妥当的处理方法是将其视为刑法上的漏洞，在法官进行充分论证的基础上（尤其是要充分运用价值论证方法），由陪审法庭在衡平罪刑法定原则与该案的社会危害性两者基础上作出最终裁判。如前所述，该受刑事处罚的，没有刑法依据，这是刑法存在漏洞的一个重要表现形式。事实上，从广义上看，不该判处刑罚的，却被以构成刑事犯罪追究刑事责任，亦是刑法存在漏洞的一种表现形式。如许霆案、赵春华案等，法律规定的是该类犯罪类型的一般情形，在立法时不可能考虑到每一个具体案件的特殊情况，故从广义上讲，这亦应属于刑法规定上的漏洞。对这些案件的处理，我们同样可以适用前述规则，在法官进行法律论证的基础上，由代表社会参与案件审理的陪审员同法官一起，对严格遵循罪刑法定原则及案件套用法律处理可能给社会造成的不良影响两者之间进行权衡比较，由此得出裁判结论。相信经过这样程序的审理，裁判结论会让整个社会觉得不那么难以接受。

在民事审判领域中，这种由于法律存在漏洞而需要法官扮演"立法者"角色的场合更多。比如，《最高人民法院关于审理民事案件适用诉讼时效制度若干问题的规定》（法释〔2008〕11号）第十七条第二款规定："对于连带债务人中的一人发生诉讼时效中断效力的事由，应当认定对其他连带债务人也发生诉讼时效中断的效力。"在司法实践中，当遇到债权人在诉讼时效内向连带共同保证人中的一人或数人主张权利的，依据前述司法解释的规定，该行使权利的效力及于其他连带责任保证人，其他连带责任保证人不能再行使时效抗辩权来对抗债权人的主张。但如果债权人在保证期间内向连带共同保证人中的一人或数人主张权利，该效力是否及于其他连带责任保证人，则法律上缺乏明确规定①。对此，肯定的观点认为可以参照适用《最高人民法院关于审理民事案件适用诉讼时效制度若干问题的规定》（法释〔2008〕11号）第十七条的规定，视为债权人在保证期间内向其他连带责任保证人主张过权利。而相反的观点则认为，保证期间的概念内涵不同于诉讼时效，两者不具有可类比性，故债权人在保证期间向连带共同保证人中的一人或数人主张权利的，不应对其他连带共同保证人发生效力，其他连带共同保证人可以主张免除保证责任。由上述争议可以看出，当民事法律出现漏洞时，相关的争议通常与道德无涉，而只是涉及具有技术中立性特征的规则设计。但在现代法治国家中，作为社会行为规范的法律由于可能关涉到调整不同群体之间的利益分配（如前述情形中，这一问题事实上就涉及优先保护债权人利益还是优先保护担保人利益的问题），故其合法性应建立在民主立法程序之上，经由受到影响的各利益群体在立法机关的代表沟通协商达成。在法律出现漏洞的情况下，由作为司法技术官僚的职业法官来变相行使"立法权"，显然不具备相应的合法性基础，不能令社会民众信服。由于法官不能拒绝裁判，而等待相关法律完善后再行判决也缓不济急，故现实中最为妥当的处理方式还是将这类案件交由陪审法庭审理，通过职业法官对相关问题进行论证并经陪审法庭的认可，拟制出一个有民意参与的小型"立法程序"，以此解决判决的合法性和有效性难题。

（3）"参与+论证"模式下的诉讼程序安排

为进一步保障"参与+论证"模式下陪审法庭的高效有序运转，本书认为应当对陪审法庭的评议程序进行以下合理化的重构：一是明确规定评议时的发言顺序。首先由案件的承办法官对案情进行简要概括，给出自己的裁判意见，并对自己的裁判结论给出详细的论证说明，然后由合议庭全体成员对承办法官的裁判意见进行讨论。如果合议庭其他职业法官有与承办法官不同

---

① 《中华人民共和国民法典》出台后，新修订的《最高人民法院关于适用〈中华人民共和国民法典〉有关担保制度的解释》对此已有明确规定，其第二十九条第一款规定："同一债务有两个以上保证人，债权人以其已经在保证期间内依法向部分保证人行使权利为由，主张已经在保证期间内向其他保证人行使权利的，人民法院不予支持。"

的裁判观点或结论,也应充分地进行说明论证。在裁判表决阶段,则由人民陪审员首先发言,而后再由法官发言,具体的发言顺序可按照年龄大小、资历高低自低向高排列。二是强化法官在评议中的指引功能。为保障陪审员可以充分地理解案情及法官们的陈述,法官有义务用尽量平实通俗的语言进行案件讨论,并且针对陪审员的疑问,法官应随时对有关的法律原则、法律规定以及诉讼程序作出相应的说明和解读。三是规定法官的说理义务。这一说理义务不仅体现在案件的承办法官需要首先给出自己的裁判意见,并对裁判结论的得出进行详细的说明论证,而且要针对陪审员们就自己意见提出的问题及异见进行充分的回应。如果合议庭其他职业法官有不同的见解,也要针对自己的结论给出详细的论证理由,并充分回应陪审员的有关提问和异议。四是推行陪审案件当庭合议。作为兼职的陪审员一旦解散,再聚集起来就会很困难,且陪审员对案件的认识会受到记忆力等主客观因素的影响。故为保障评议的实质化、充分化,应确立陪审案件审理连续性原则,使审理和合议之间的间隔最小化。南京市中级人民法院大合议庭陪审制改革的相关规范性文件中就曾规定:"为方便人民陪审员参与审判,业务庭应尽可能做到一庭结案,并尽可能地将庭前合议与开庭、调解、评议程序安排紧密,原则上应在同一天内完成。"对于需要多次开庭、多次合议而在一天内不能审结的,也应当连续地进行,中间不能存在过长中断①。五是在投票表决前设置一个最低评议时间要求。六是改变表决规则。将表决规则由简单多数决修改为绝对多数决规则(主要针对大合议庭模式)。当然,采取绝对多数决表决规则,会增加裁判僵局出现的概率,对出现裁判僵局的案件,可以另行组成合议庭审理或直接提交审判委员会讨论定案。

(四)人民陪审制适用范围之限定

2004年《决定》规定,适用陪审制审理的案件包括,社会影响较大的刑事、民事、行政案件;刑事案件被告人、民事案件原告或者被告、行政案件

---

① 羊震:《陪审制大合议庭的基本要素》,载《人民司法》2015年第11期。

原告申请由人民陪审员参加合议庭审判的案件。但在实践中，前述规定与司法实践中的实际情况严重脱节。对此，2008年全国人大内务司法委员会的调研报告曾称，一些地方反映"社会影响较大"这一标准不好把握，多数基层法院适用陪审制审理的案件实际上是一些社会影响不大的案件，反而刻意回避对社会影响大的案件适用陪审制。其原因在于：一是法院的自身利益驱使，将更多的案件纳入适用陪审制度的案件范围，一则有利于缓解案多人少带来的审判压力，二则显示出法院适用陪审制的积极性与成效。二是陪审制度规定本身存在缺陷，"社会影响较大"表述过于原则、过于模糊，实践中难以操作。三是对于那些法律规定的应当适用陪审制审理的"社会影响较大"的案件，由于担心人民陪审员理性不足易受外界影响而导致审理失控，或者担心人民陪审员缺乏司法技能难以胜任，故法院反而往往利用自己可以决定哪些具体案件适用陪审制审理的权限，刻意规避在这些案件中适用陪审制[①]。而对于由特定当事人申请陪审的案件，由于现实中当事人对人民陪审制缺乏认知，又受到司法资源的限制，故在司法实践中很少适用[②]。《人民陪审员法》的出台对适用陪审案件的范围进行了重新界定，其第十五条规定，适用人民陪审制审理的案件类型主要包括：一是涉及群众利益、公共利益的案件；二是人民群众广泛关注或者其他社会影响较大的案件；三是案情复杂或者有其他情形，需要由人民陪审员参加审判的案件。第十六条规定了应当适用大合议庭制审理的几类案件，包括：可能判处十年以上有期徒刑、无期徒刑、死刑，社会影响重大的刑事案件；公益诉讼案件；涉及征地拆迁、生态环境保护、食品药品安全类的社会重大影响案件；等等。《人民陪审员法》中的相关规定，其用语仍然偏于原则、模糊，并且由于在现实实践中缺乏有效的监督约束手段，相关法律规定往往难以落实到位。试点法院的统计数据显示，《人民陪审员法》颁行后，人民陪审员共参审民事案件178 749件，行政

---

① 刘计划：《陪审制改革中的几个问题》，载《法律适用》2018年第15期。
② 彭小龙：《民众参与审判的案件类型学分析》，载《中国法学》2012年第3期。

案件 11 846 件，刑事案件 30 659 件，总计占到一审适用普通程序审理案件的 77.4%①。适用陪审制审理的案件如此高的占比，显然与将陪审资源集中在重大疑难案件及少数有重大社会影响案件的改革方向背道而驰。

  陪审制度是一项昂贵的事业，容易给有限的司法资源带来巨大的压力。为了保障公民参与的平等性和有效性，陪审法庭从陪审员选任到裁判作出都需要耗费大量的人力物力，其背后的代价是审判效率的下降及大量的金钱支出。根据英国内政部的统计数据，其刑事法庭无罪答辩案件花费的费用是治安法院无罪答辩案件花费费用的 10 倍②。我国现有陪审制运用之普遍，是建立在没有严格落实"随机抽选"等制度规定基础之上的，故而成本较低，但随着改革的推进、有关措施的落实到位，必然带来司法成本的极大增加。从陪审制的制度功能分析，在个案中适用陪审制是为了实现司法与社会的理性沟通，借由沟通达成共识，进而使裁判结果能够符合社会的常情常识常理，获得社会大众的广泛认同。由此也决定了，并不是越多的案子适用陪审制就越能彰显出司法的公信力的，那些简单的、本来争议就不大的案件并没有适用陪审制审理的价值。限缩陪审案件的范围，有利于将有限的资源集中投入那些真正需要适用陪审制进行审理的案件。根据《人民陪审员法》第十五条的规定，我国人民陪审制在刑事、民事、行政案件中均可适用。至于针对哪些具体类型的案件可以适用陪审制审理，结合我国现有法律规定及司法实践，本书认为，应主要包含以下几类案件。

1. 涉及群体利益、公共利益的案件

  这类案件之所以需要纳入人民陪审员参与审理案件的范围，一方面由于这类案件涉及的当事人数量通常较多，社会关系和法律关系较为复杂，处理稍有不慎，就容易演化为群体性事件，影响社会的和谐稳定，并且由于"集体非理性"现象的存在，这类案件的处理也往往最容易引发争议和质疑，进而损害司法的权威和公信力；另一方面，由于这类案件处理的争议关涉到群

---

  ① 参见《最高人民法院关于人民陪审员制度改革试点情况的报告——2018 年 4 月 25 日在第十三届全国人民代表大会常务委员会第二次会议上》。
  ② 姚宝华：《论人民陪审员制度的功能定位》，载《法律适用》2017 年第 11 期。

体利益、公共利益,故案件的裁判不仅要以法律为依据,而且要尤其重视对裁判结果合理性的审查,通过裁判妥善平衡各方的利益冲突。如有这么一个案例:2013年12月,安徽省政府作出皖政办〔2013〕45号《安徽省人民政府办公厅转发省安全监管局等部门关于烟花爆竹生产企业整体退出意见的通知》(以下简称"45号通知"),规定:全省现有75家烟花爆竹生产企业分两批整体退出,2014年底前完成;企业关闭退出后,按规定注销或吊销企业营业证照;限期清理、销毁或移交剩余烟花爆竹产品、半成品以及生产原材料;省财政按每户80万元标准补助退出企业,有关市、县给予适当补助。该通知附件列出了2014年底前应退市的75家烟花爆竹企业名单。"45号通知"通过互联网对外公布后,即对其所确定的相对人具有直接的法效力。安徽省翔鹰花炮有限公司等24家烟花爆竹企业认为安徽省政府作出"45号通知"的行为违法,请求法院撤销"45号通知"中作出的责令企业整体退出和吊销注销企业证照的行政决定,并确认被告作出"45号通知"的行为违法或无效①。该案最终判决政府方败诉。从该案文书的说理来看,其裁判的逻辑思路颇为简单,即政府如果不能提供充分证据证明该通知规定有明确且直接的上位法依据,那么该通知行为即构成违法。其具体说理如下:法院首先肯定企业整体退市"属于产业政策调整范畴",但其后又强调"调整应当符合法律法规的规定,不能因此损害相对人的合法权益"。根据《中华人民共和国行政诉讼法》及其司法解释的规定,行政机关对行政行为的合法性负有举证责任。而本案中"只能证明被告在作出'45号通知'之前将烟花爆竹生产企业有序退出纳入产业政策调整范畴",不能证明其合法性。基于此,法院最终认定作出"45号通知"的行为"主要证据不足,依法应予撤销"。对此,有观点批评道,虽然安徽省政府难以援引直接且明确的规范依据支持其作出"实施烟花爆竹生产企业整体退市"这一政策内容的"45号通知",但根据《中华人民共和国地方各级人民代表大会和地方各级人民政府组织法》(2004年修正)第五十九条第(五)项之规定,县级以上的地方各级人民政府有权

---

① 参见安徽省合肥市中级人民法院(2014)合行初字第00077号行政判决书。

管理本行政区域内的经济、环境和资源保护、城乡建设事业等行政工作。换言之，安徽省政府拥有对本行政区域内经济等行政事务的管理权，制定涉及产业结构调整的"实施烟花爆竹生产企业整体退市"之经济政策自然包含在其中。虽然"45号通知"的作出无法找到直接的上位法依据，但是烟花爆竹产业属于高危行业，对环境影响甚巨，基于保护环境的目的需要，全国各地对该产业都进行了调整，包括北京、天津等16个省（区、市）完全退出了烟花爆竹的生产。可见，关于烟花爆竹产业结构的调整并非安徽省一家的政策，这也反映了该政策的出台具有一定的普遍性，符合环境保护、安全生产的大政策方向①。本书认为，该裁判最大的问题在于其"机械司法"的倾向，即法院只是简单地遵循法律规则所指示的条件去处理案件，而没有对法律的规范意旨进行深入的思考。而正如前文所论述的，对于这类涉及群体利益、公共利益的纠纷，其裁判具有公共政策实施的特征，由此决定了裁判过程不能仅仅是形式性地套用法律的过程（往往也难以找到非常切合具体案情的直接裁判依据），而应是结合个案事实综合运用法律规范进行利益衡平的过程。前述案例中，核心问题应是对环境公共利益保护、原告企业私益及其背后反映的对公民财产权的保护这两方对立的利益，哪一方利益在本案中更值得保护的问题，而该案的处理对此缺乏深入的论证和回应。如果对该类案件运用陪审制进行审理，就可以让代表社会各个阶层的陪审员参与到有可能关涉到其所在群体利益的司法决策中来，进而极大地提升裁判的合理性和正当性。司法实践中，涉及群体利益、公共利益的具体案件类型主要包括不服政府对土地所有权、使用权的决定，不服城市建设规划审批，不服劳动、社会保障行政确认，不服工商行政登记，不服行政处罚等案件。在民事案件中主要包括涉及消费者权益保护的案件、企业破产案件、土地案件以及农村土地承包纠纷案件等。《人民陪审员法》第十六条规定的应当适用大合议庭制审理的涉及征地拆迁、生态环境保护、食品药品安全等的案件，也属于涉及群体利益、公共利益的具体案件类型。

---

① 侯淑雯：《司法衡平艺术与司法能动主义》，载《法学研究》2007年第1期。

此外，需要注意的是，公益诉讼也属于一种特殊的涉及群体利益、公共利益的案件。随着我国社会经济的高速发展，社会公共利益遭受侵害的问题日益严重，在此背景下，公益诉讼作为一种独立的诉讼类型应运而生。公益诉讼较之普通的民事诉讼、行政诉讼，有其特殊的诉讼理论、诉讼架构及诉讼规则。如：诉讼目的不是维护个人私益，而是维护社会公共利益；只有法律规定的国家机关和组织才是提起公益诉讼的适格主体，个人不能作为原告提起公益诉讼；等等。目前我国的公益诉讼主要包括环境公益诉讼及消费者权益公益诉讼。从司法实践情况看，公益诉讼通常具有以下特征：第一，公益诉讼中利益冲突较大。无论是环境公益诉讼还是消费者权益公益诉讼，其被告通常是具有一定经营规模的大型企业，从侵害的法益看，环境公益诉讼中侵害的客体是某一区域的自然环境，而消费者权益公益诉讼侵害的客体则是较大范围群众的消费利益，上述特征决定了公益诉讼较之普通的民商事案件利益冲突更为剧烈。第二，公益案件复杂性高。以环境公益诉讼为例，环境公益诉讼并不是一个简单的由污染企业对受害者进行赔偿的问题，该类案件的处理涉及一系列复杂性、技术性问题，如被告破坏生态环境行为与生态环境损害之间关联性的认定、环境损害赔偿金额的计算、生态环境修复方案责任的承担及实施、防止损害再次发生的预防措施的制定……诸如此类的问题不仅需要借助当前最先进的科学知识和专业知识对相关事实、问题进行分析、认定、筹划、协调，而且很多问题的处理会因超出现有法律的规定而面临巨大的争议。第三，公益案件涉及面广。公益诉讼涉及面广不仅指案件本身会涉及众多的利益群体，而且指公益诉讼除具备解决矛盾纠纷、赔偿损失等一般诉讼功能外，还具有形成公共政策等普通诉讼所不具有的、直接影响社会公共管理的职能，由此其还有可能影响到与案件本身无直接联系的社会不特定公众的利益。基于公益诉讼的上述特征，对公益诉讼尤其需要适用陪审制进行审理，让能够代表社会各个阶层的陪审员参与到案件决策中来，进一步夯实裁判结论的合法性基础。为此，《人民陪审员法》第十六条专门以列举的方式规定针对根据民事诉讼法、行政诉讼法提起的公益诉讼案件，应当由人民陪审员和法官组成七人合议庭进行审理。实践中，亦不乏通过人民陪审员参与公益诉讼案件的审理取得较好法律效果与社会效果的范例。如泰州市人民检察院诉王某某等59人生态破坏民事公益诉讼案。长江鳗鱼苗是具有重要经济价值且被禁止捕捞的水生动物苗种。2018年上半年，丁某某等非法捕捞者在长江干流水域，使用网目尺寸小于3毫米的禁用渔具非法捕捞长江鳗鱼苗并出售谋利。王某某等非法收购者明知长江鳗鱼苗系非法捕捞所得，仍单独收购或者通过签订合伙协议、共同出资等方式建立收购鳗鱼苗的合伙组织，共同出资收购并统一对外出售，均分非法获利。秦某某在明知王某某等人向其出售的鳗鱼苗系在长江中非法捕捞的情况下，仍多次予以收购。法院经审理，依法以非法捕捞水产品罪，掩饰、隐瞒犯罪所得罪，分别判处丁某某、王某某、秦某某等被告人有期徒刑、拘役，单处或并处罚金。2019年7月15日，公益诉讼起诉人泰州市人民检察院以王某某等59人实施非法捕捞、贩卖、收购长江鳗鱼苗行为，破坏长江生态资源，损害社会公共利益为由提起民事公益诉讼，请求判令相关被告对所造成的生态资源损害结果承担连带赔偿责任。该案由三名法官、四名人民陪审员组成七人制大合议庭进行审理，在人民陪审员的积极参与下，裁判综合衡量生态破坏后果的严重性，科学计算得出生态资源损失；准确把握了退缴违法所得和生态损害赔偿责任款项的关系，认定两者具有同质属性并予以抵扣；充分注重生态资源的保护与被告生存发展权利之间的平衡；明确可以采用劳务代偿的方式折抵部分生态损害赔偿数额，为长江生态修复提供了有效路径。

2. 社会影响大的案件

所谓社会影响大的案件，首先是指人民群众广泛关注的案件，但两者又不完全等同。有些案件往往是因受到了人民群众的广泛关注，才进而成为社会影响大的案件。如山东的"于欢案"，在一审判决之前，其只是一起普通案件，而非"社会影响大的案件"，一审判决之后经有关媒体报道，社会情绪发酵，由此才发展成为"社会影响大的案件"。前文所举的"彭宇案""许霆案""天津赵春华案"等案件都具有这样的特征。当然，也有一些案件在审理前即已引起人民群众的广泛关注，如"吴英案""薄熙来案"等。正如前文所论述的，为让此类案件不至于成为"舆论审判""伪民意"的牺牲品，最合适的处理路径是让代表社会各个阶层的人民陪审员参与此类案件的审理,关偏门开正门,让广场化的民意围观转化为剧场型的"民意参与审判",以此让案件的审理真正做到体现社会的主流民意。由于"人民群众广泛关注的案件"存在"审理前无人关注"而"审理后引发舆情"的可能,故在法院的立案程序中应当建立起一个案件的社会风险评估机制,根据案件的性质评估其是否具有引起人民群众广泛关注或其他较大社会影响的可能。如果评估结果是肯定的,那么在组成合议庭时就应当直接适用人民陪审制。

对于除"人民群众广泛关注的案件"之外的"其他社会影响较大的案件"的界定,在实践中可以参考以下要素:一是社会危害性较大。例如有些犯罪或纠纷内容直接关涉国家的政治稳定、社会的安定团结,直接影响国家安全、国家统一或民族团结,这些都可以归类为社会危害性大的案件。也有些纠纷的实体诉求虽然有一定的积极意义,如呼吁推动社会改革、要求维护国家主权或民族利益等,但由于缺乏必要的组织和引导,采用的方式、手段过激,容易被敌对势力利用,进而演化成不可控的社会事件,这类案件也应归入社会危害性大的案件之列①。二是一方或双方当事人涉及人数较多的涉众型纠纷。这类涉众型纠纷中的当事人往往通过抱团参与、扩大声势的方式来满足自身利益的诉求。人数的聚集也会产生所谓的"群体极化"现象,参与者极易失去理性,在团体的掩护下做出一些失控的行为,给社会稳定造成隐患。常见的涉众型纠纷包括土地征用引发的纠纷,生态环境污染、非法集资等危害不特定多数人利益引发的纠纷,等等。三是纠纷背后隐藏着阶层撕裂、对抗的案件②。这类案件中当事人一方通常是弱势阶层或群体中的成员,而对方往往是有一定强势地位的社会管理者或有产阶层成员,双方在地位、权势、财富等方面相差悬殊。此类案件如果处置不当,往往会加剧阶层或群体之间的对抗,甚至会酿成更大的阶层撕裂和社会动荡。这类纠纷包括改革和改制引发的纠纷,官员腐败、渎职等行为引发的纠纷,司法执法部门不作

---

① 刘峥、刘知行:《论人民陪审制度中的参审案件范围》,载《法律适用》2018年第9期。
② 顾培东:《试论我国社会中非常规纠纷的解决机制》,载《中国法学》2007年第3期。

为或乱作为引发的纠纷,等等。四是案件的事实清楚却没有明确的法律可以适用,或者适用的结果明显不合社会常情常识常理的复杂疑难案件。这类案件中往往蕴含着人情伦理、公序良俗的激烈冲突,依据现有的法律规定已然不能加以妥当解决,需要通过解释法律甚至"造法"的方式来解决具体纠纷,裁判者在案件审理中实质上扮演着"立法者"的角色,如张学英案就是这类纠纷的典型代表。

3. 重大刑事案件

因重大刑事案件通常涉及对犯罪嫌疑人的人权保障,故绝大多数实行陪审制的国家都将刑事案件中的重罪案件纳入陪审案件范围。如在现代陪审制度的发源地——英国,其绝大多数轻微刑事案件由治安法院管辖审理,作为高级法院的刑事法院只管辖严重刑事案件和不服治安法院判决的普通二审刑事案件,而陪审团审判适用于且仅适用于刑事法院,对于被告在刑事法院作无罪答辩的,则必须由陪审团对其进行审判[1]。在美国,《联邦宪法》第六和第七修正案分别规定刑事案件的被告人和诉讼标的较大的民事案件当事人有权要求陪审团参与审判。虽然宪法规定的陪审团审判的范围非常广,但在司法实践中,联邦最高法院通过判例确定,陪审团审判一般适用于死刑案件和可能判处六个月以上监禁的刑事案件。在重罪案件中,被告人可以选择是否由陪审团审判,但仍有约1/3的州法律规定,所有重罪案要由陪审团审理[2]。在法国,重罪法庭是法国的"参审法庭"。所谓重罪法庭是对判处十年以上有期徒刑或者无期徒刑的重罪享有审判管辖权的普通刑事法庭。按照法国2000年《刑事诉讼法》的有关规定,重罪法庭原则上设在巴黎和各省的上诉法院所在地,具有非常设法庭性质,一般每三个月开庭一次。这说明,在法国,除法律有特别规定外,所有重罪一律适用陪审制度;同时也说明法国法律中对陪审制度的适用是一种强制性规定,法官和当事人都没有选择适用权。德国适用刑事参审审判的案件包括除两年以下的轻罪和与国家安全有关

---

[1] 苗炎:《人民陪审员制度启动模式研究》,载《当代法学》2015年第4期。
[2] 胡云红、胡岩:《人民陪审员庭审实务指南:〈人民陪审员法〉条文解读、实务指引、案例解析》,人民法院出版社2018年版,第98页。

的罪行外的所有犯罪①。根据俄罗斯《陪审员法》的规定，联邦普通法院陪审员参加俄罗斯联邦最高法院、各联邦主体最高法院、各军区（舰队）军事法院一审刑事案件的审理。由陪审法庭审理的案件，一般为可能被判处三年以上有期徒刑的严重或特别严重的犯罪案件。是否由陪审法庭进行审理，选择权归刑事被告人，但在共同犯罪中，只要有一人选择了陪审法庭，整个案件都由陪审法庭审理，而如果一个人犯有数罪，则只要其中一罪归陪审法庭管辖，被告人就有权选择陪审法庭审理。根据日本《裁判员参加刑事审判法》第2条第1款规定，日本的裁判员制度只适用于特定的重大犯罪，主要包括两类：一是死刑、无期徒刑或应判监禁之罪；二是法定合议案件，即因故意犯罪行为而导致被害人死亡等的重大案件，如杀人罪、抢劫致死伤罪、放火罪、诱拐绑架罪、危险驾驶致死罪等等②。

  我国《人民陪审员法》第十六条规定"可能判处十年以上有期徒刑、无期徒刑、死刑、社会影响重大的刑事案件"由人民陪审员和法官组成七人合议庭进行审理，这与陪审制度的核心价值要求相吻合。需要注意的是，在我国的刑事审判领域，有一些被人戏称为"口袋罪"的罪名，这些"口袋罪"的罪名因弹性过大、内容过广、打击面过大，在适用过程中经常引发争议，已然成为影响中国法治进程的一种不良司法现象。尽管"口袋罪"常常为人所诟病，但立法技术的局限等因素决定了"一劳永逸地解决口袋罪只是一种幻想"③，更为务实的解决路径还是在司法实践中通过限制自由裁量和更加严格解释适用"口袋罪"来消减和化解其弊端。故本书认为，应纳入陪审案件范围的重大刑事案件除前述所列举的刑事案件外，还应包括涉嫌触犯"罪与非罪、此罪与彼罪之间界限模糊"的"口袋罪"罪名的刑事案件，以切实消除在此类案件审理中刑罚的"随意性"和"不确定性"给司法公信力造成的

---

  ① 牛建华、刘峥、雷鸿：《德国"荣誉法官"制度评介及其思考》，载《法律适用》2011年第12期。

  ② 胡云红、胡岩：《人民陪审员陪审实务指南：〈人民陪审员法〉条文解读、实务指引、案例解析》，人民法院出版社2018年版，第98页。

  ③ 于志刚：《口袋罪的时代变迁、当前乱象与消减思路》，载《法学家》2013年第3期。

损害。从"口袋罪"罪名产生的历史背景看,其产生于二十世纪七八十年代,我国开展"严打"的时期,由于当时的立法无法跟上社会的发展,因此在许多无法可依的领域只能暂时以国家政策为指导,于是,"口袋罪"罪名应运而生。在1979年《刑法》中,最典型的"口袋罪"就是那个时代常被人提起的"流氓罪"和"投机倒把罪",正所谓"'口袋罪'是个筐,什么罪都可以往里面装"。经过了10余年的高压整治,1979年《刑法》逐渐完成了自己的历史使命,随之而来的1997年《刑法》虽然取消了投机倒把罪、分解了流氓罪,看似"口袋罪"罪名的范围缩小了,但实则不然。1997年《刑法》在取消投资倒把罪的基础上增设了非法经营罪,分解了流氓罪的同时又规定了聚众斗殴罪和寻衅滋事罪①。这些新的"口袋罪"常常是某些特定主体非常容易侵犯的,仍具有很强的随意性和不确定性。以非法经营罪为例,根据现行《刑法》第二百二十五条的规定,非法经营罪是指:违反国家规定,未经许可经营专营、专卖物品;买卖进出口许可证、进出口原产地证明及其他法律、行政法规定的经营许可证或者批准文件;未经国家有关主管部门批准非法经营证券、期货、保险业务,或者非法从事资金支付结算业务以及从事非法经营活动,扰乱市场秩序、情节严重的行为。从非法经营罪的概念即可知,市场主体经营国家法律、行政法规禁止、限制经营的行业,就有可能触犯该罪。1997年《刑法》施行以来,非法经营罪就有着不断扩大化的倾向,甚至成为某些利益部门打击竞争者的工具。如村委会出售小产权房的、黄牛党倒卖演唱会门票的、下岗职工未取得卫生许可证售卖胡辣汤的、电脑高手擅自制作网络游戏外挂并出售牟利的、民间放高利贷的、无业青年开黑出租车的、二房东转租房产的,都有在司法实践中被以非法经营罪判处刑罚的案例②。曾有这么一个典型案例,一个经营代售报纸的老年妇女销售他人寄售的"六合彩"海报被查获后,被法院以非法经营罪判处有期徒刑4年③。在

---

① 管泓巍:《我国刑法中口袋罪的发展及展望》,载《改革与开放》2018年第12期。
② 王立志:《非法经营罪之适用不宜无度扩张——以零售药店向医疗机构批量售药之定性为视角》,载《法学》2016年第9期。
③ 叶子章:《浅谈现行刑法中的口袋罪》,载《法制与社会》2010年第24期。

一个普通人看来，无论如何也不会将这样的行为与刑事犯罪联系起来。另一个广为人知的案例是，2016年4月15日，内蒙古自治区巴彦淖尔市临河区人民法院以被告人王力军没有办理粮食收购许可证和工商营业执照而进行粮食收购活动，违反《粮食流通管理条例》为由，以非法经营罪判处王力军有期徒刑1年、缓刑2年，并处罚金2万元。2016年12月16日，最高人民法院作出再审决定，指令巴彦淖尔中级人民法院对该案进行再审。该案经再审宣判，依法撤销一审判决，改判王力军无罪。这个案例更为典型地反映了现实司法实践中扩张适用非法经营罪的现状及其可能给公民及社会经济发展造成的危害。在强调法治政府、法治社会的当下，"口袋罪"的存在及其泛化的运用愈来愈不适应社会的发展，更是背离了刑法轻缓化的大趋势。要纠正这些弊端，一个可行的方式就是让陪审员参与到对这些有着"口袋罪"特征罪名的审理中，一方面陪审员以社会常情常识常理参与审判，可以使这类案件的裁判不致过分偏离社会大众的日常认知，尤其是当那些所谓的犯罪嫌疑人的行为危害性与相关罪名的惩罚性不成比例的时候；另一方面，通过陪审员背后所代表的社会力量，可以有效约束司法公权力以及有关利益部门借助司法公权力对公民行动自由、社会经济自由进行的侵害。

4. 新类型案件

所谓新类型案件是指由于法制发展、科技进步以及社会变革而新出现的、以案件的形式反映在司法活动中的社会新问题和新矛盾①。新类型案件的"新"有各种表现形式：在刑事审判中既可以表现为新的罪名，也可以表现为新的犯罪方式以及新的犯罪构成；在民商事审判中既可以表现为新的案由，也可以表现为新的民事权利义务内容以及新产生的民事法律主体②。法律的稳定性和滞后性决定了法律总是落后于社会生活，这在社会经济迅猛发展的当代社会表现尤甚。在改革开放的40多年间，我国社会发生了巨大变化，利益格局发生了深刻调整，社会经济成分、组织形式、就业方式、利益

---

① 《关于新类型案件及审判工作》，载《人民司法》2008年第23期。
② 《关于新类型案件及审判工作》，载《人民司法》2008年第23期。

关系和分配方式日趋多样化并不断发展。过去所不曾有的行业和法律主体不断涌现，各种新的利益诉求不断增多，且随着社会的发展，人民群众的法治观念和维权意识不断提高，也更愿意通过诉诸司法的方式来解决矛盾纠纷，由此导致大量纠纷以新类型案件的形式涌入法院。对于这些新类型案件，法律上的有关规定粗疏甚至完全空白，并且对有些新行业新领域，职业法官也缺乏足够的了解和认识，故这些新类型案件极大地考验着法院及法官们的司法能力和司法智慧。前文已论述，对于这些法无明文规定的案件，法官实际上扮演着临时"立法者"的角色，由此决定了在此类案件审理中应当引入陪审员参与审判，以"民意"增强裁判的正当性和合法性。如证券虚假陈述责任纠纷案件即属于比较典型的新类型案件。现举其中一案为例：2015年2月14日，海润光伏科技有限公司（以下简称"海润光伏公司"）发布公告，称因涉嫌存在信息披露违法行为，江苏证监局决定对该公司进行立案调查。2015年10月22日，海润光伏公司收到江苏证监局《行政处罚决定书》，该《行政处罚决定书》认定海润光伏公司及其股东于2015年1月23日披露的《分配预告》和《分配提案》存在误导性陈述，违反了证券法相关规定，构成违法。郑某于2015年1月23日至2015年2月13日期间，买入海润光伏公司股票合计3 100股。郑某遂诉至法院请求海润光伏公司对实施上述虚假陈述行为导致其产生的投资损失予以赔偿。该案合议庭采用了"3名审判员＋2名人民陪审员"的组成方式，一方面确保对专业的法律问题如上市公司虚假陈述行为性质的认定、系统风险等市场因素影响的考量、损失计算中相关法律概念的解析等能够作出精确、专业的判断；另一方面在评价普通投资者的投资心态和对相关信息的直接感受等问题上能够充分考虑到一般民众的经验视角。在该案审理中，2名陪审员从普通证券市场投资人的角度出发，对案件事实提出了中肯、切实的意见，陪审意见被全部采纳。

结　　语

　　党的十八届三中全会提出，要广泛实行人民陪审员制度，拓宽人民群众有序参与司法的渠道，由此揭开了新一轮人民陪审制改革的序幕。新一轮改革的启动，很大程度上是为了解决实践中广泛存在的"陪而不审"等人民陪审制功能弱化、异化问题，重新激活人民陪审制的制度活力。新一轮改革的重点放在优化人民陪审员选任机制、构建二元陪审法庭、实行事实审和法律审分离机制、强化法官指引制度等方面。但从有关试点法院反馈的情况看，这些改革举措能否真正落地，真正起到解决"陪而不审"等顽瘴痼疾的作用，仍令人怀疑。

　　改革措施的失灵，其根本性原因在于只是将"陪而不审"等现象的存在归因为单纯的技术层面问题，而缺乏对陪审制存在之功能目的与运作机理的深度探究。以哈贝马斯的沟通理论作为分析工具，我们可以看出，陪审制度实质上可以视为司法过程中的公共领域的制度化，其为司法与社会搭建了沟通的桥梁，为裁判结论注入了民意"共识"因素，从而有利于提升判决的公信力和司法的权威。作为司法过程中的公共领域，其运作机理可以归纳为"参与—论证"，即陪审员代表社会参与司法决策，法官运用法律和法理与陪审员进行对话，而沟通对话的目的在于在法律解释与社会正义观之间寻找重叠共识。

　　司法公信力不足是长期以来困扰我国司法工作的一道难题。近年来，在社会转型期背景下，各类社会矛盾纠纷不断凸显，疑难复杂案件日益增多，矛盾化解难度逐渐加大，司法审判工作面临巨大压力，而羸弱的司法公信力严重拖累了司法的效能①。对此，习近平同志曾指出，"这些年来，群众对司法不公的意见比较集中，司法公信力不足很大程度上与司法体制和工作机制不合理有关"②，"司法不公的深层次原因在于司法体制不完善、司法职权配置和权力运行机制不科学、人权司法保障制度不健全"③，解决司法领域的突出问题"就要靠深化司法体制改革"④。尽管当前我国司法公信力不足的现状背后隐藏着很多深层次原因，但其中一个不容回避的重要因素正是司法与社会缺乏制度化的沟通渠道。

这种司法与社会缺乏沟通的现象可以从诸多耳熟能详的司法公案中看出端倪。如彭宇案，充分暴露了法官独白式视角与社会常理的偏差；许霆案，揭示了僵化地适用法律可能给司法公信力带来的伤害；张学英案中，民众与所谓"法律专业人士"认识上的"鸿沟"再次提醒我们，法律并不是一个封闭、自足的规则体系，司法裁判也并不是一个简单地运用三段论进行逻辑推理的过程，如果司法缺乏与民意的沟通进而无法达成普遍的共识，司法判决就会因缺乏合法性而不为民众所普遍接受。从理论上对当前我国司法沟通理性不足的现象进行分析，其表现为实践中膨胀的政治权力和法官的私益偏好挤占和压缩了沟通理性的生存空间。这些因素混合交错，使司法成为隔绝于社会的一座孤岛，加剧了民众对司法的陌生感、疏离感，由此造就了一大批看似合法实则不合理的判决，严重损害了司法在群众心目中的形象和为数不多的信任。尽管司法改革一直在路上，经过多年的努力，我们的审判模式实现了由超职权主义向当事人主义的转化，司法公开制度初步建立，"调解优先"一度成为司法审判的主导原则，这些改革举措都在一定程度上显露出改革者有加强司法与民众沟通的苗头，但这些制度措施都难以称得上是符合理

---

① 北京市第一中级人民法院课题组：《关于加强人民法院司法公信力建设的调研报告》，载《人民司法》2011年第5期。
② 《关于〈中共中央关于全面深化改革若干重大问题的决定〉的说明》，载《〈中共中央关于全面深化改革若干重大问题的决定〉辅导读本》，人民出版社2013年版，第57页。
③ 《习近平关于〈中共中央关于全面推进依法治国若干重大问题的决定〉的说明》，载《人民日报》2014年10月29日第2版。
④ 习近平：《在十八届中央政治局第四次集体学习时的讲话》，载《习近平关于全面依法治国论述摘编》，中央文献出版社2015年版，第77页。

想状态下的司法与社会应有的沟通模式。而从陪审制度的目的及其作用机理来看，其应是现有司法制度中最适合承载沟通司法与社会重任的制度载体。

从目的论视角检视人民陪审制的现实运行，当前"陪而不审"现象的普遍存在恰是源于对陪审制度的目的认识不清、定位不明，各相关主体特别是法院从自身利益出发，以自身需要置换陪审制的应有制度目的，导致陪审制功能的异化。故要从根本上解决这一问题，需要明确人民陪审制作为司法过程中公共领域的职能定位，并以之为"参照系"，对人民陪审制的制度设计及其现实运行进行"调校"。本书的建议包括：一是明确人民陪审制作为司法过程中的公共领域的定位，严格落实人民陪审员随机选取机制，进一步扩大社会民众对陪审制度的参与；二是取消对人民陪审员的各类业务培训，调整事实审与法律审分离的改革思路，让人民陪审制回归到陪审员用朴素的正义观和日常社会经验参与司法的本源；三是紧扣陪审制"参与—论证"运作机理，确保人民陪审员全面参与案件审理，就事实问题和法律问题发表意见；四是严格限定适用陪审制审理案件的范围，确保有限的资源可以用在真正需要适用陪审制审理的案件类型中。希望本书的论证，可以给下一步人民陪审制改革工作提供借鉴与参考，让人民陪审制度真正成为沟通司法与社会之桥梁，强化司法公信力之基石。

致　　谢

历经七载，我的博士学位论文终于要付诸出版了。一篇论文要写七年，这是我在2014年入学读博时远远没有料到的。曾经，我以为博士学位论文的撰写并不难，自己在工作之余也常发表一些小文章，博士学位论文不过是篇幅长一点而已，但这个漫长的写作过程彻底颠覆了我的认知。盘点这个历时七年的写作过程，以下几方面尤其让我记忆深刻。

一是理论工具难找、难懂、难用。根据我的导师吴英姿老师的指导，博士学位论文的写作一定要有理论深度，要学会用一条理论主线来组织全文。这完全出乎我日常写作的经验。我平日的论文写作更多是对审判实务中遇到的一些问题的归纳、总结，通常不具有很深的理论深度，也可以说，我缺乏对论文写作学术规范性的锻炼。故在本书的写作中，如何写出"理论深度"，如何找到这个可以提纲挈领的理论主线，成为我首先要解决的难题。我的博士论文的主题是人民陪审制度，这个主题的文章、论著很多，但大都聚焦于对一些实践问题的讨论，升华到理论层面的文章反而不多。这一方面预示了我的论文虽然讨论的是一个老生常谈的问题，但通过深入的"理论挖掘"完全可以写出"新意"，在一片"红海"中开辟出自己的"蓝海"；另一方面也决定了要写好这篇论文，要达到"差强人意"的写作效果，需要付出更多的努力；尤其当我选择了沟通理论作为本书的理论主线，对这一宏大理论需要花更大的力气去理解、消化、吸收再将之运用于本书的论证。二是我的相关知识储备存在"短板"。本书的写作涉及一些交叉学科知识的运用，而我作为一名法科毕业生，工作后又长期在法院从事审判实务工作，对相关学科领域如社会学、哲学等方面的知识积累几乎为零。为此，在写作本书之余，我又用笨办法从头将有关学科的基本理论学习了一遍，这也是本书写作花费了七年之久的重要原因之一。尽管这个办法很笨，但是我觉得还是很有收获的。沟通理论看似简单，就是各方主体通过沟通商谈达成共识，可以成为解决现代社会合法性问题的一把钥匙，但实则这个理论涉及哲学上的真理观、本体论、认识论等一系列深刻的思想。从头梳理这些理论的来龙去脉有助于避免对这些凝聚人类最高智慧的理论做庸俗化的理解。同时，通过对这些相关学科知识的学习，也开阔了我的眼界，甚至对我的工作、学习、生活等方面都不无裨益。三是工学矛盾突出。2017年，我从所在单位的政工部门调整到审判业务部门工作，工作总量和工作强度明显增加。作为年富力强的单位业务骨干，我一方面要保证每年办结的案件数量可以排在部门前列，另一方面也丝毫不敢懈怠对论文的写作，经常是白天在单位办案子，晚上在单位加班写论文。在这双重压力下，我曾经一度考虑过放弃，但幸而在老师和家人的鼓励下，还是坚持了下来。回头再看这一段经历，苦则苦矣，但也是最锻炼人的一段经历。经过这个艰苦的论文写作过程，我感觉到自己的逻辑思维得到了有效的锻炼，文字功底有了明显的提升。正所谓"不经历风雨，哪能轻易见到彩虹"，这段经历必将成为我今后的人生中被反复回味的珍贵片段。

感谢我的博士生导师吴英姿教授。能够成为吴老师的弟子，实乃我一生之幸。吴老师深厚的学术功底、精湛的写作技艺、心无旁骛的治学精神、一丝不苟的治学态度让包括我在内的所有吴门弟子都受益匪浅。尽管我们在平时学习中偶尔也会"抱怨"吴老师对我们的论文要求过高、卡得过严，但现在越来越感觉到，正是这种高标准的严格要求让我真正得到了锻炼，努力朝一名合格的博士毕业生的标准靠拢，而不是浑浑噩噩地混过博士研究生的学习生涯。特别感谢吴老师的耐心指导，因为自己的学术功底不足、文字水平较差，本书多次被提交给吴老师进行修改，吴老师总是不厌其烦，一遍又一遍地给我指出问题所在，手把手地指导我进行修改完善。

感谢南京大学法学院叶金强老师、张仁善老师、李友根老师、杨春福老师、肖冰老师、王太高老师、范建老师、张淳老师、严仁群老师、金俭老师、周安平老师、吴建斌老师、艾佳慧老师等诸位老师。在博士论文的开题、预答辩阶段，各位老师亦师亦友，都给予了我无私的指导和帮助。各位老师也是我在今后的工作学习中努力看齐的榜样。

感谢同门的各位师兄弟，与你们的交往令我受益良多。若是没有你们的鼓励，意志薄弱的我也许早已选择了放弃。

最后，要特别感谢我的爱人和妈妈。这几年忙于工作和论文写作，几乎很少按时下班，即使周末也总是没有时间陪孩子。对我这样一个"不着家"的男人，你们毫无怨言，默默地分担了繁重的家务和孩子的抚养教育工作。在此，我要郑重说一声：谢谢你们！我以后也会将更多的时间和精力放在家庭上，以实际行动回报你们的理解和支持！

主要参考文献

中文著作：

［1］程汉大,李培锋.英国司法制度史[M].北京：清华大学出版社,2007.

［2］董必武.董必武法学文集[M].北京：法律出版社,2001.

［3］郭道晖,李步云,郝铁川.中国当代法学争鸣实录[M].长沙：湖南人民出版社,1998.

［4］何家弘.中国陪审制度向何处去：以世界陪审制度的历史发展为背景[M].北京：中国政法大学出版社,2006.

［5］贺卫方.运送正义的方式[M].上海：上海三联书店,2002.

［6］胡云红.陪审制度比较与实证研究[M].北京：人民法院出版社,2014.

［7］胡云红,胡岩.人民陪审员庭审实务指南：《人民陪审员法》条文解读、实务指南、案例解析[M].北京：人民法院出版社,2018.

［8］李猛.韦伯：法律与价值[M].上海：上海人民出版社,2001.

［9］梁慧星.裁判的方法[M].北京：法律出版社,2003.

［10］刘晴辉.中国陪审制度研究[M].成都：四川大学出版社,2009.

［11］刘锡秋.陪审制度的历史研究[M].北京：法律出版社,2011.

［12］马跃.美国刑事司法制度[M].北京：中国政法大学出版社,2004.

［13］舒国滢,王夏昊,雷磊.法学方法论[M].北京：中国政法大学出版社,2018.

［14］苏力.送法下乡：中国基层司法制度研究[M].北京：中国政法大学出版社,2000.

［15］施鹏鹏.陪审制研究[M].北京：中国人民大学出版社,2008.

［16］唐丰鹤.现实主义视角下的司法决策[M].北京：法律出版社,2018.

［17］谈火生.民主审议与政治合法性[M].北京：法律出版社,2007.

［18］吴英姿.法官角色与司法行为[M].北京：中国大百科全书出版社,2008.

［19］吴英姿.作为人权的诉权理论[M].北京：法律出版社,2017.

［20］吴英姿.民事诉讼法：问题与原理[M].北京：科学出版社,2008.

[21] 应星.中国社会[M].北京:中国人民大学出版社,2015.

[22] 章国锋.关于一个公共世界的"乌托邦"构想:解读哈贝马斯《交往行为理论》[M].济南:山东人民出版社,2001.

[23] 钟莉.价值·规则·实践:人民陪审员制度研究[M].上海:上海人民出版社,2011.

[24] 张永和,于嘉川.武侯陪审:透过法社会学与法人类学的观察[M].北京:法律出版社,2009.

[25] 周泽民.国外法官管理制度观察[M].北京:人民法院出版社,2012.

中文论文:

[1] 曹剑波.几种真理观及其评析[J].上海交通大学学报(社会科学版),2001,9(1):66-69.

[2] 陈洪杰.人民如何司法:人民司法的政治哲学反思[J].华东政法大学学报,2015,18(1):43-53.

[3] 陈江华.人民陪审员"法官化"倾向质疑[J].学术界,2011(3):14-20.

[4] 陈琳,陈志龙.能度超越与限度突围:陪审员职权改革语境下法官指引制度之构建[J].海峡法学,2017,19(2):58-65.

[5] 陈如超,马兵.中国法庭审判中的专家陪审员制度研究[J].湖南社会科学,2011(2):106-109.

[6] 陈学权.美国刑事审判陪审团适用法律权述评[J].比较法研究,2017(2):73-83.

[7] 陈学权.人民陪审员制度改革中事实审与法律审分离的再思考[J].法律适用,2018(9):28-34.

[8] 蔡琳.人民陪审员助理角色之实证考察[J].法学,2013(8):37-47.

[9] 蔡良凯.浅论我国陪审制度的完善[J].湖南公安高等专科学校学报,2009,21(3):93-96.

[10] 段陆平,罗恬漩.司法与舆论关系的公案审视[J].理论探索,2014(2):104-109.

[11] 董节英.1952:新中国法学教育的整顿与重构[J].中共中央党校学报,2007(2):106-111.

[12] 丁相顺.比较法视野下的人民陪审员制度改革[J].浙江大学学报(人文社会科学版),2018(3):7-19.

[13] 樊传明.陪审制导向何种司法民主?:观念类型学分析与中国路径[J].法制与社会发展,2019(5):89-112.

［14］樊传明.陪审员裁决能力问题研究：优秀的还是拙劣的事实认定者？［J］.中国刑事法杂志,2018(2)：91-115.

［15］冯辉.判决、公共政策与社会主流价值观："跌倒争议案"的法理省思［J］.政法论坛,2012(4)：103-115.

［16］巩军伟.论司法职业化与司法大众化［J］.兰州大学学报(社会科学版),2010(3)：127-131.

［17］顾培东.试论我国社会中非常规纠纷的解决机制［J］.中国法学,2007(3)：3-19.

［18］高鸿钧.走向交往理性的政治哲学和法学理论(下)：哈贝马斯的民主法治思想及对中国的借鉴意义［J］.政法论坛,2008(6)：50-79.

［19］高一飞.陪审团一致裁决原则的功能［J］.财经法学,2018(6)：114-128.

［20］高一飞,陈恋.人民法院司法改革40年的回顾与思考［J］.中国应用法学,2019(1)：136-154.

［21］公丕祥.应对金融危机的司法能动：下篇［N］.光明日报,2009-08-27(9).

［22］黄河.陪审向参审的嬗变：德国刑事司法制度史的考察［J］.清华法学,2019(2)：181-193.

［23］何进平.司法潜规则：人民陪审员制度司法功能的运行障碍［J］.法学,2013(9)：122-131.

［24］贺建勇,朱炜.对美国陪审团制度的考察与评析［J］.江西公安专科学校学报,2010(2)：40-43.

［25］胡云红.论我国人民陪审员选任机制的完善［J］.政治与法律,2017(11)：152-160.

［26］江必新,程琥.司法程序公开研究［J］.法律适用,2014(1)：23-33.

［27］江必新.以习近平法治思想为指导着力解决法治中国建设中的重大问题［J］.行政法学研究,2020(6)：4-7.

［28］景汉朝,卢子娟.经济审判方式改革若干问题研究［J］.法学研究,1997(5)：4-35.

［29］贾志强.人民陪审员参审职权改革的中国模式及反思［J］.当代法学,2018(2)：143-152.

［30］凌斌.公正司法的公信基础［J］.华东政法大学学报,2013(6)：36-46.

［31］兰荣杰.人民调解：复兴还是转型？［J］.清华法学,2018(4)：111-127.

［32］罗东川,丁广宇.我国能动司法的理论与实践评述［J］.法律适用,2010(Z1)：15-22.

［33］龙宗智.影响司法公正及司法公信力的现实因素及其对策［J］.当代法学,2015

(3)：3-15.

[34] 刘方勇,廖永安. 我国人民陪审员制度运行实证研究：以中部某县级市为分析样本[J]. 法学家,2016(4)：53-70.

[35] 刘方勇,周爱青,孙露. 人民陪审员遴选机制改革与立法评析[J]. 中国应用法学,2018(4)：45-60.

[36] 刘方勇. 人民陪审员角色冲突与调适[J]. 法律科学(西北政法大学学报),2016(2)：155-166.

[37] 刘计划. 陪审制改革中的几个问题[J]. 法律适用,2018(15)：88-96.

[38] 刘练军. 法院科层化的多米诺效应[J]. 法律科学(西北政法大学学报),2015(3)：20-34.

[39] 刘练军. 民粹主义司法[J]. 法律科学,2013(1)：15-29.

[40] 刘晴辉. 对中国陪审制度的实证研究：以某市基层法院为视角[J]. 四川大学学报(哲学社会科学版),2007(1)：132-138.

[41] 刘同峰. 试论情理法的冲突与融合[J]. 山西师大学报(社会科学版),2014,41(S5)：48-49.

[42] 刘志丹. 哈贝马斯真理共识论[J]. 广西社会科学,2012(8)：44-47.

[43] 刘志丹. 哈贝马斯理想的言语情境理论：阐释与批判[J]. 内蒙古大学学报(哲学社会科学版),2014(3)：75-79.

[44] 刘知行,刘峥. 人民陪审员制度二元结构的理论基础和实践运行[J]. 中国司法鉴定,2019(2)：55-61.

[45] 刘峥,刘知行. 论人民陪审员制度中的参审案件范围[J]. 法律适用,2018(9)：20-27.

[46] 刘峥. 我国人民陪审员制度改革的再思考[J]. 法律适用,2015(12)：107-113.

[47] 刘宇晖. 价值多元化与我国人民陪审团制度的构建：基于英、俄、日陪审制改革的思考[J]. 河北法学,2012(9)：122-127.

[48] 李红海. 英国陪审制转型的历史考察[J]. 法学评论,2015(4)：177-189.

[49] 李力,韩德明. 解释论、语用学和法律事实的合理性标准[J]. 法学研究,2002(5)：3-23.

[50] 李学尧. 转型社会与道德真空：司法改革中的法律职业蓝图[J]. 中国法学,2012(3)：63-78.

[51] 李玉华. "陪而不审"之我见：法学教授陪审员的视角[J]. 法律适用,2010(7)：93-94.

［52］李拥军. "政治之重"与"司法之轻"：我国当下人民陪审制度的社会价值与存在基础[J]. 社会科学辑刊,2012(5)：70-74.

［53］马德普,黄徐强. 论协商民主对代议民主的超越[J]. 政治学研究,2016(1)：52-60.

［54］苗炎. 司法民主：完善人民陪审员制度的价值依归[J]. 法商研究,2015(1)：121-128.

［55］聂长建,李国强. 哈贝马斯"合法性"概念的语用学分析[J]. 学术探索,2008(6)：50-54.

［56］牛建华,刘峥,雷鸿. 德国"荣誉法官"制度评介及其思考[J]. 法律适用,2011(12)：110-115.

［57］彭小龙. 民众参与审判的案件类型学分析[J]. 中国法学,2012(3)：160-177.

［58］瞿郑龙. 我国司法模式的历史变迁与当代重构：政治视野的考察[J]. 法学评论,2016(4)：113-124.

［59］苏力. 法条主义、民意与难办案件[J]. 中外法学,2009(1)：93-111.

［60］苏力. 关于能动司法与大调解[J]. 中国法学,2010(1)：5-16.

［61］孙彩虹. 网络舆情之于司法审判：冲突与优化[J]. 河南大学学报(社会科学版),2015(5)：28-35.

［62］孙笑侠. 公案的民意、主题与信息对称[J]. 中国法学,2010(3)：136-144.

［63］孙逸啸. 网络舆情与司法行为的博弈分析[J]. 法制与经济,2017(4)：120-124.

［64］汤火箭. 合议制度基本功能评析[J]. 河北法学,2005(6)：126-128.

［65］谭安奎. 公共理由、公共理性与政治辩护[J]. 现代哲学,2011(6)：65-71.

［66］王晨光. 借助司法公开深化司法改革[J]. 法律适用,2014(3)：51-56.

［67］王杰,赵新宇. 延安时期的党群关系[N]. 光明日报,2014-05-07(14).

［68］王榕,辛军. 哈贝马斯论大众传媒功能的变化[J]. 山东大学学报(哲学社会科学版),2003(4)：77-78.

［69］王旭. 作为公共理性之展开的宪法实施[J]. 环球法律评论,2012(6)：33-37.

［70］王晓升. 现代性视角下的社会整合问题：哈贝马斯交往行动理论的启示[J]. 武汉大学学报(哲学社会科学版),2018(6)：71-78.

［71］王晓升. 用交往权力制衡社会权力：重评哈贝马斯的商议民主理论[J]. 中山大学学报(社会科学版),2007(4)：48-52.

［72］吴丹红. 中国式陪审制度的省察：以《关于完善人民陪审员制度的决定》为研究对象[J]. 法商研究,2007(3)：130-137.

［73］吴英姿. 人民陪审制改革向何处去？：司法目的论视域下中国陪审制功能定位与改革前瞻［J］. 苏州大学学报（法学版），2014（3）：110-117.

［74］吴英姿. "调解优先"：改革范式与法律解读：以 O 市法院改革为样本［J］. 中外法学，2013（3）：536-555.

［75］吴英姿. 构建司法过程中的公共领域：以 D 区法院陪审制改革为样本［J］. 法律适用，2014（7）：19-27.

［76］吴英姿. 法院调解的"复兴"与未来［J］. 法制与社会发展，2007（3）：35-45.

［77］翁晓斌. 民事诉讼中庭审形式化现象探析［J］. 法学，1998（1）：35-37.

［78］魏衍亮. 两大法系与我国法制改革的新格局［N］. 人民法院报，2003-03-28（5）.

［79］许可. 论当事人主义诉讼模式在我国法上的新进展［J］. 当代法学，2016（3）：6-15.

［80］徐汉明. 习近平司法改革理论的核心要义及时代价值［J］. 法商研究，2019（6）：3-15.

［81］徐忠明. 小事闹大与大事化小：解读一份清代民事调解的法庭记录［J］. 法制与社会发展，2004（6）：3-25.

［82］闫斌. 哈贝马斯交往行动理论视域下的商议式司法［J］. 法学论坛，2015（2）：63-69.

［83］于浩. 当代中国立法中的国家主义立场［J］. 华东政法大学学报，2018（5）：77-87.

［84］易燕，徐会志. 网络借贷法律监管比较研究［J］. 河北法学，2015（3）：82-92.

［85］姚宝华. 论人民陪审员制度的功能定位［J］. 法律适用，2017（11）：89-95.

［86］姚慧. 论人民陪审制的完善：以司法去行政化为目的［J］. 西南石油大学学报（社会科学版），2015（2）：72-79.

［87］姚中秋. 技艺理性视角下的司法职业化［J］. 华东政法大学学报，2008（6）：3-13.

［88］余佳莹. 当代中国语境下哈贝马斯"公共领域"理论的再阐释［J］. 新闻传播，2019（14）：4-9.

［89］殷勤. 论法官的公共理性［J］. 人民司法（应用），2016（22）：9-14.

［90］杨建军. 司法改革的理论论争及其启迪［J］. 法商研究，2015（2）：13-23.

［91］杨馨馨. 陪审员参审职权调整的实践困惑与路径突破：从"同职同权"到"分工合作"［J］. 法学论坛，2016（6）：140-147.

［92］杨晓畅. 罗尔斯"公共理性"观的法哲学之维：启示与限度［J］. 法学评论，2013（2）：64-69.

［93］杨仁智. "公序良俗第一案"的评析与建议［J］. 无锡职业技术学院学报，2018（3）：81-84.

[94] 易延友. 陪审团移植的成败及其启示:以法国为考察重心[J]. 比较法研究,2005(1):87-100.

[95] 羊震. 人民陪审员制度的运行障碍及其多维性消解:以"陪而不审"为主要研究对象[J]. 江苏社会科学,2017(1):152-158.

[96] 羊震. 陪审制大合议庭的基本要素[J]. 人民司法,2015(11):10-15.

[97] 叶子章. 浅谈现行刑法中的口袋罪[J]. 法制与社会,2010(24):261-262.

[98] 姚志坚,柯胥宁. 知识产权专家陪审制度的检视与完善[J]. 人民司法(应用),2018(13):94-98.

[99] 周成,喻怀峰. 陪审员专家化之合理性质疑[J]. 法律适用,2015(9):62-66.

[100] 周少华. 适应性:变动社会中的法律命题[J]. 法制与社会发展,2010(6):105-117.

[101] 周雨. 司法改革语境下法官指引制度之陪审员职权构建[J]. 云南社会主义学院学报,2017(2):113-119.

[102] 朱景文. 中国法治道路的探索:以纠纷解决的正规化和非正规化为视角[J]. 法学,2009(7):3-21.

[103] 朱福勇. 论民事法官询问范式及程序约束[J]. 法学评论,2018(6):91-102.

[104] 张斌峰,黄现清. 交往理性视域下的法治话语互动[J]. 法学论坛,2016(1):64-70.

[105] 王堃,张扩振. 陪审团和公民评审团中的协商民主[J]. 江西社会科学,2014(6):159-165.

[106] 张润. 论民事判决书说理的充分化[J]. 理论导刊,2016(4):100-104.

[107] 张思尧. 人民陪审制度事实审与法律审的困惑与出路[J]. 法律适用,2015(6):50-54.

[108] 张嘉军. 人民陪审制度:实证分析与制度重构[J]. 法学家,2015(6):1-15.

[109] 张卫平. 改革开放四十年民事司法改革的变迁[J]. 中国法律评论,2018(5):113-132.

[110] 张卫平. 回归"马锡五"的思考[J]. 现代法学,2009(5):139-156.

[111] 张卫平. 民事诉讼基本模式:转换与选择之根据[J]. 现代法学,1996(6):4-30.

[112] 左卫民. 七人陪审合议制的反思与建言[J]. 法学杂志,2019(4):108-114.

[113] 左卫民,周云帆. 国外陪审制的比较与评析[J]. 法学评论,1995(3):58-61.

[114] 赵晓力. 基层司法的反司法理论?:评苏力《送法下乡》[J]. 社会学研究,2005(2):218-225.

[115] 赵宇红. 陪审团审判在美国和香港的运作[J]. 法学家,1998(6):38-48.

外文译著:

[1] 昂格尔. 现代社会中的法律[M]. 周汉华,吴玉章,译. 南京:译林出版社,2008.

［2］贝卡里亚. 论犯罪与刑罚［M］. 黄凤,译. 北京:中国大百科全书出版社,1993.

［3］波斯纳. 法理学问题［M］. 苏力,译. 北京:中国政法大学出版社,2002.

［4］博登海默. 法理学:法律哲学与法律方法［M］. 邓正来,译. 北京:中国政法大学出版社,2017.

［5］德威尔. 美国的陪审团［M］. 王凯,译. 北京:华夏出版社,2015.

［6］德沃金. 法律帝国［M］. 李常青,译. 北京:中国大百科全书出版社,1996.

［7］哈贝马斯. 合法化危机［M］. 刘北成,曹卫东,译. 上海:上海人民出版社,2000.

［8］哈贝马斯. 后形而上学思想［M］. 曹卫东,付德根,译. 南京:译林出版社,2001.

［9］哈贝马斯. 交往行为理论:第一卷［M］. 曹卫东,译. 上海:上海人民出版社,2018.

［10］哈贝马斯. 在事实与规范之间:关于法律和民主法治国的商谈理论［M］. 童世骏,译. 北京:生活·读书·新知三联书店,2003.

［11］加斯蒂尔,等. 陪审团与民主:论陪审协商制度如何促进公共政治参与［M］. 余素青,沈洁莹,译. 北京:法律出版社,2016.

［12］兼子一,竹下守夫. 民事诉讼法:新版［M］. 白绿铉,译. 北京:法律出版社,1995.

［13］米瑟斯. 自由与繁荣的国度［M］. 修订版. 韩光明,潘琪昌,李百吉,等译. 北京:中国社会科学出版社,2013.

［14］密尔松. 普通法的历史基础［M］. 李显冬,等译. 北京:中国大百科全书出版社,1999.

［15］莫里森. 法理学:从古希腊到后现代［M］. 李桂林,等译. 武汉:武汉大学出版社,2003.

［16］诺内特,塞尔兹尼克. 转变中的法律与社会:迈向回应型法［M］. 张志铭,译. 北京:中国政法大学出版社,1994.

［17］帕森斯. 社会行动的结构［M］. 张明德,夏翼南,彭刚,译. 南京:译林出版社,2003.

［18］乔纳凯特. 美国陪审团制度［M］. 屈文生,宋瑞峰,陆佳,译. 北京:法律出版社,2013.

［19］穗积陈重. 法律进化论:法源论［M］. 黄尊三,萨孟武,陶汇曾,等译. 北京:中国政法大学出版社,2003.